思考馬達

從生活到工作，
4步驟高效運用你的大腦

曾培祐
——著——

推薦文

活著的每一天都在思考

胡展誥（諮商心理師）

有時候一句輕輕說出口的話，就可以幫助對方的心靈瞬間充飽電；有時候不經意吐出來的一句話，也可能讓對方氣得差點吐血身亡。

說話是一種表達的形式，而其背後反應的是一個人看事情的觀點、思考的脈絡。想要提升表達的技巧，必須先提升思考的能力。這就是《思考馬達》要談的重點。

人活著的每一天，無時無刻都在思考。小至晚餐要吃什麼、假日要去哪裡露營、如何規畫今年的年終獎金……，大到工作上的離職與轉職、一段關係的開始與結束……

培祐的這一本書讓我想起一個笑話：有一對伴侶因為種種緣故而打算離婚。有好幾次，他們兩人都很認真地邀請彼此靜下心來思考是不是真的要結束這段婚姻關係，但最後卻都不了了之。有人問他們為什麼，他們的答案是：因為沒離過婚，所以也不知道到底要怎麼思考離婚這件事。

為了幫助讀者從知道到做到，本書提供了一套步驟明確的思考架構：提問、搜尋、結論、輸出，其中光是一個好的提問，往往就能讓問題迎刃而解。

好比說，當你提醒了很多次，孩子卻好像都無法照做的時候，你需要的不是重複講同樣的內容，而是停下原本的表達方式，透過幾個好的提問，一方面幫助孩子思考他聽見的內容，另一方面也幫助自己了解孩子到底理解了什麼。從而陪伴他真正學會你要他學習的事情。

又好比說，如果你想要幫助一個人長出自信心、知道自己是一個有能力的人，那麼你不是想著「我要如何幫他把事情都做好、做滿，讓他避免出錯」（雖然這樣好像比較省力，也比較是你以前習慣的模式），而是要問自己「如何引導他探索自己的能力，並且陪伴他用自己的能力試著完成這個任務」。

適當的提問才能引導出適當的行動，適當的行動才可能帶來理想的結果。

翻開這本書，就像是聘請一位鍛鍊思考的教練隨身在側，他會告訴你許多啟動思考馬達的策略，幫助你用一套嶄新的觀點來看待事情，但同時你也必須在生活中實際去練習。

聽起來有點累人，對嗎？

我很喜歡用健身來舉例：無論你多麼想要，別人身上的肌肉都不會自動移植到你身上。同樣地，假如你想提升思考的能力，希望自己可以擁有更好的表達能力，方法在這本書裡都告訴你了，至於練習，就交給你囉！

推薦文

用思考再造大腦迴路，創建新生活

李儀婷（薩提爾教養．親子溝通專家）

一個人的思維（觀點）以及反應（行動），除了基因天性，最大的來源出自兩個面向：一是童年時期原生家庭的互動模式，二是社會化之後的天擇訓練。意思是，如果有人天生懼怕蟑螂，那麼當看到蟑螂朝自己飛來時，腦袋肯定瞬間空白，但下意識會立刻跳起來，並且發出歇斯底里的尖叫。

這是怎麼做到的？腦袋並沒有下令跳起來，也沒有要求歇斯底里地大叫，害怕的人怎麼會做出這些舉動呢？

事實上，這些就是透過無數的童年經驗，以及長大後的求生存本能演化而來的反應。這個反射舉動最初是為了「保護自我」，在一次大腦發出指令且在腦神經的幫助下，驅動身體反應所產生出來的行為，而這一次的行為為大腦永遠打通了新的迴路，並將之鐫刻在骨子裡。在往後的歲月裡，它成為自動導航系統，看到蟑螂就是要歇斯底里地大叫，完全失去理智，最後成了令自己都討厭的反射動作。

這樣的行為，一如美國心理學家強納森．海德（Jonathan Haidt）分析大腦的理性與感性的情況，他用「騎象人」與「大象」來比喻，遇見蟑螂時，情緒會像一頭大象先行做出激烈的反應，讓腦內的騎象人（理智）瞬間控制不了這頭大象，只能任由牠橫衝直撞。

這也是許多父母想要改變教養孩子的過程以及會遭遇的困境，因為情緒不時的會掌控行為，做出讓親子關係受傷的舉動。

但這樣激烈無理智的反射行為，能改變嗎？

答案當然能，而且這本《思考馬達》已經詳載了方法。

關鍵在於如何啟動思考，讓騎象人能夠早一步發出預警，有效地停止大象橫衝直撞。

書中運用四步驟：「提問」、「搜尋」、「結論」、「輸出」，有效地啟動思考，並且做出高品質的決定。藉由書中提出的方法，不僅能幫助自己在職場上或親密關係上獲得更好的溝通模式，更有機會藉由自己的穩定，帶領孩子走出情緒風暴。

一日，我的二女兒受不了姊姊言語上的刺激，在家裡尖叫嘶吼足足有一分鐘之久，像頭失心瘋的獅子，凶猛有勁卻沒有理智。事後我問她，姊姊一旦言語刺激，她立刻叫得這樣淒厲，這樣的方式有助於讓姊姊改變嗎？

二女兒思索了一會兒，很快地說：「怎麼可能，姊姊根本就是樂得看我這樣。」我回道：「你明知她就想要你變成不可理喻的瘋子，那你下一次還要選擇如她所願嗎？還是你會有不一樣的回應方式？」女兒想也沒想，立刻說：「我下次要扭頭就走。」

這就是利用書中所說的四個步驟完成的一場對話，有效引導了孩子做出不一樣的反應。

只要孩子成功做出一次，就是新的腦神經迴路創建之時，之後便能藉由反覆的行動，將新的腦神經迴路鐫刻在骨髓裡，這就是「再造腦神經迴路」的關鍵。

有了這本書，是時候打響我們的馬達，啟動我們的思考，創建新的腦神經迴路，打造新生活。

推薦文

思考，是讓自己與他人幸福

江宏志（「無憂花學堂」創辦人）

如果一受到刺激，我們就有所反應，換個角度，禽獸不也是這樣？從生物分類的觀點來看，人類被歸類在哺乳動物，所以人也是動物，但我相信，說我們和禽獸一樣，沒人聽了會覺得舒服。那麼，我們和禽獸有什麼不一樣？

思考，我們會思考。我們可以分析利害得失，可以回顧過去，還能計畫未來。思考是人類的天賦，照理說，隨著年紀的增長，我們應該更會思考才對，但回顧過去的生活，遺憾與後悔會減少嗎？「早知道……」這個想法三不五時總會從口中冒出來。

讀著培祐的《思考馬達》時，好幾次拍案叫絕。為什麼大學教育老說要「培養獨立思考的能力」，卻沒有這樣的學分可以修習？我對自己提問，如果早一點遇到這本書，我的選擇會不會一樣或不一樣？不管答案如何，至少我思考過了！我有意識地選擇了，哪怕選錯了，承擔錯誤與痛苦的能力也能得到提升，而不是無意識的反應與選擇，最後怨天尤人而不自覺。

您如果有緣讀到這段文字，我想說這本書講的是思考，其實是希望您幸福。文末，我先祝您幸福，也祝您可以讓身邊的人幸福。

推薦文

思考力需要刻意練習

宋怡慧（新北市丹鳳高中圖書館主任）

笛卡爾說：「我思故我在。」這句話讓我們知道「思考」的重要。「注意力設計師」曾培祐老師進一步在本書中提出「思考馬達」四個步驟，包括「提問」、「搜尋」、「結論」、「輸出」，利用這把思考的鑰匙，全面啟動生活思考，透過思考生活的關鍵，讓我們提高工作的效率，強化人際的溝通。

我特別喜歡書中引導他人啟動思考馬達的篇章，運用表格、情境找到人我理解、尊重同理的人際技巧，原來，思考力是日積月累的刻意練習，也是AI時代無法被取代的關鍵能力。貼心的培祐整理的重點、表格和參考書籍，讓我們使用起來更輕鬆方便，這就是此書思考力真實展現的魅力吧！

推薦文

啟動思考，掌握致勝關鍵

趙胤丞（企管講師、顧問、作家）

終於等到培祐老師第三本著作《思考馬達》，再度展現他深入淺出的幽默風格。培祐老師引領我們思考，用故事與經驗來打破迷思與困惑，讓思考撥雲見日，思緒更清晰。

培祐老師以豐沛的實際故事案例帶出思考馬達的四個步驟，步驟簡單好應用。讀完這本書，你將理解到思考的力量，如何為你的生活帶來全新視角，以及運用思考馬達獲得優質決策。讓我們跟隨培祐老師腳步，啟動荒廢已久的思考馬達，順利跨越人生難關困境，掌握致勝成果關鍵。

推薦文

學會思考，更有處理危機的餘裕

蔡淇華（臺中市立惠文高中圖書館主任）

我與培祐是好球友，我們都會提前一週約好球敘時間，大多在週末早上八點。之後就是陪家人、閱讀及寫作時間。

我很喜歡和培祐在一起，發覺我們的同質性很高，都是資訊超載、工作量大，卻因為有良好的思考習慣，所以決策及行動快速，讓生活有餘裕處理危機。我非常認同培祐在書中提到「找到做這件事的意義，就能引起動機」、「運用連結的四種線索，才有動力」、「夢想不易達成，但不要成為夢想逃兵」等思考關鍵。

培祐說得好：「時間沒有不見，只是被浪費掉。」真的，因為行動前缺乏好的思考，所以時間都被浪費掉了。如果說我和培祐這十年創造了點成績，祕訣真的都在《思考馬達》這本書中！

推薦文

內建大腦的AI能力

鄭俊德（閱讀人社群主編）

一個好問題帶來好答案，尤其在AI時代，這個能力更為重要，問得好，AI才能夠提供需要的答案給你。

培祐老師的新書《思考馬達》更是讓我們學會把AI的能力，內建到大腦中，透過提問、搜尋、結論、輸出，將工作上的難題、生活中的疑難雜症，透過思考馬達四個流程一一解構，創造我們想要的高品質答案與結果。

思考才能內化知識。思考需要有順暢流程，這個工具已經被寫出來，留待打開你的大腦引擎，將它安裝進去再次升級。

目錄

推薦文

前言

第一部

第1章

第二部

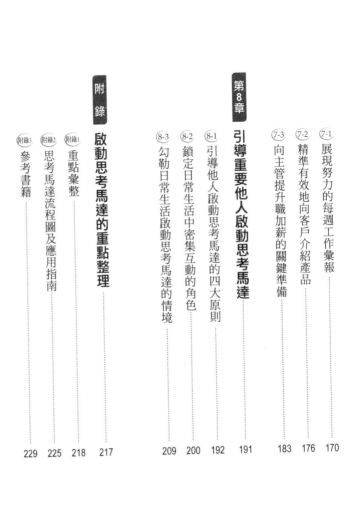

前言

思考，讓生活更美好

剛出社會的那兩年，我常常一下班就去參加讀書會，主管看我如此積極學習，有一天有了以下對話：

主管問：「你昨天晚上去讀書會學到了什麼？」

我說：「講師說得很精彩，我學到了很多。」

主管繼續問：「學到哪些能夠立刻運用到工作上的觀念和方法嗎？」

我想了一想，發現腦袋一片空白，只好搪塞幾句蒙混過關。我說：「我還沒想到耶，多聽總是有幫助的。」

沒想到主管不放棄，他說：「那你上一次讀書會聽到的內容，離現在也有一段時間了，有想到對工作產生的幫助了嗎？」

我回答：「沒有，我甚至有點忘記上次讀書會討論的是哪本書了，時間都過那麼久了！」

主管搖搖頭說：「你常常一下班就馬不停蹄去參加讀書會，那麼辛苦卻什麼都沒記住，更不知道該如何運用在工作中，那豈不是白忙一場？」

這番話讓我覺得很震撼，主管說得很對呀。於是我趕緊問：「那麼我應該怎麼辦呢？」

主管說：「你要思考！聽完讀書會，晚上睡覺前最起碼要問自己：『今天讀書會聽到的三個重點是什麼？我能運用在工作中的觀念或方法是什麼？』至少要把這些想法寫在筆記本中才能休息，不然聽過就忘，不是白忙一場？」

主管的話簡直就是當頭棒喝，也是我整理出思考馬達四步驟的啟蒙。從此，我知道啟動思考的第一個好處就是讓大腦對重要訊息印象深刻！沒有啟動思考，大腦就會讓重要訊息不小心偷偷溜走。由此可見，思考對於工作有多麼重要。

「這件事不好決定，讓我想一想……」生活中總會遇到需要下決定的時刻，像是「要選A工作還是B工作」、「要接A專案還是B專案」、「要留在大都市還是回家鄉打拚」、「小孩出生應該選A名字還是B名字」、「週末要在公司加班還是陪孩子去公園玩」……等等，千百個問題都需要做決定，而通常我們會說：「讓我想一想……」但我們其實不知道大腦究竟在想什麼。結果最後愈想愈煩躁，索性放棄思考，任憑感覺做決定，還安慰自己：「聽天由命吧，老天爺不會虧待我。」而等意識到決定做得不好，那時後悔也來不及了。

就像結婚，這也是人生中要做重大決定的時刻之一。當年我和當時的女友、也就是現在的老婆思考是否結婚時，我們在某天下午去了咖啡廳，打算一邊喝咖啡、一邊「想一想」。但雙方既沒有相關經驗，也未意識到要請教已結婚的朋友。兩人坐在咖啡廳裡一點頭緒也沒有，不到十分鐘就決定結婚，心想：「聽天由命吧，老天爺不會虧待我們。」

結婚後，發生了各種意想不到的風風雨雨，內心經歷了煎熬和痛苦，雖然一切已經雨過天青，但如果重來一次，說真的，晚兩年再結婚會是更好的選擇。而一切的關鍵就在於那天下午的咖啡廳，如果當時我學過啟動思考馬達的四步驟，雙方就可以花十分鐘好好分析各種利弊得失，或許會因此得出更好的結論。可惜一切無法重來，幸運的是，我們已掌握了啟動思考馬達的方法，現在做的每一個決定都變得更加周全！

我認為，學會啟動思考馬達有兩大好處。好處一是讓大腦對於重要訊息印象深刻，時時為自己累積進步的養分；好處二是協助大腦整理訊息，做出更高品質的決定。思考是為了讓生活更美好，而掌握啟動思考馬達的四步驟，是為了讓思考更加方便簡單，這也是我寫本書的初衷，即讓每個人都因為掌握啟動思考馬達的四步驟，使生活變得更美好。

本書分成三部，第一部分享啟動思考馬達的方法，讓你無論在生活或工作中都能輕鬆運用。第二部將探討生活中無法啟動思考馬達的原因，帶你有效移除這些原因，順利轉動你的思考馬達。第三部的關鍵在於運用，在掌握啟動思考馬達的方法後，帶你試著運用到生活和工作中，看見思考融入生活的各種可能性以及創造出的美麗風景；此外，把焦點從個人轉移到生活和工作中的重要他人，透過引導對方啟動思考馬達，一起做出重要決定。最後的附錄整理了本書出現的重點、表格和參考書籍，讓你讀起來更輕鬆。

思考不難，只是因為我們看不見它，所以常常忽略。其實只要經常啟動思考，你會發現生活變得更美好。

第一部

開始思考

轉動吧，大腦！

阿秀是一位汽車銷售業務，每個週末當大部分的人都在放鬆休息時，卻是她最忙碌的時候。三年來，她絞盡腦汁舉辦各項活動，希望邀請民眾利用週末來賞車。

她很用心地辦活動，舉凡親子講座、桌遊活動、好書分享或影片欣賞，都是她曾經辦過的活動主題，長期經營下來，現在每週末都會有超過三百組家庭前來參加活動和賞車。當大家都在羨慕阿秀真是個優秀的業務時，她感嘆地說：「前半年剛開始辦活動時，每個週末來參加的家庭不超過十組，業績非常差。再加上週末都要工作，也讓家人發出嚴正抗議，那陣子可說是身心俱疲。」

那麼，她是如何將活動愈辦愈好，同時在工作和家庭之間取得平衡呢？

阿秀想了想，說：「每個週末活動結束後，我都會仔細看民眾的回饋意見表，從意見表中調整民眾不滿意的部分，並放大滿意的部分。同時，我也不斷思考如何辦一個也讓家人想要參加的活動，每個週末都帶家人一起來參與，反而多了許多聊天的話題。」也就是說，從活動結束到整理回饋意見表的過程，就是在思考！

每位職場工作者都會遇到工作不順利的時候，但面對這種時候該如何突破逆境、愈來愈好呢？從阿秀的故事可以發現，不管再忙，都要花點時間思考，只要有思考，就能找到進步的線索。

本書將思考步驟化，命名為「思考馬達」，讓你在忙碌的生活和工作中，都能更簡單、更直覺地啟動思考，達到讓工作績效、生活品質愈來愈好的目標。

第一部將詳細介紹啟動思考馬達的四個步驟、每個步驟的運用訣竅，以及在啟動思考馬達後，如何得到更符合自己需求的結論，讓自己愈思考愈進步。

第1章

啟動你的思考馬達

思考其實很生活，只要願意停下來好好想一想，就可以找到更多的方法，並且讓生活更好、更順利！這就是為什麼我們需要思考的原因。但當我們說「讓我思考一下」的時候，其實自己並不知道要思考什麼或是該如何思考，無形中耗費了許多時間，卻沒有得到更好的結果。

因此，學會思考變得很重要。只要掌握思考馬達四步驟，在想思考的時候就真的能開始思考，讓思考更有效率、更省時且更有成效。

1-1 思考馬達四步驟模型

首先進行一個小測驗：「現在請把眼睛閉起來，思考一下你現在所在空間裡有哪些物品是紅色的？」不要東張西望，趕緊閉起眼睛仔細想一下。好的，請環顧一下四周，你答對了嗎？

從你閉上眼睛、聽見我的提問，然後大腦得出答案，最後核對答案的正確性，我將這段過程稱之為「啟動思考馬達」。因為有了這段過程，讓你更清楚所在空間裡有哪些紅色物品，有些物品甚至是以前完全沒有注意到的。當然，如果你完全不理會這個小測驗，那就不會啟動思考馬達，而當你不啟動思考馬達，現在依然對周遭的紅色物品沒有太深刻的印象。

〈前言〉說過，啟動思考馬達的好處之一，就是讓大腦對某些重點印象深刻。為什麼啟動思考馬達會有這樣的效果呢？以前你可能完全沒有注意過環境中的紅色物品，但因為我的「提問」，你的大腦開始「搜尋」這個線索，接著得出一個「結論」，像是「我現在在書房，裡頭有紅色的麥克筆、紅色的鬧鐘、紅色封面的書，總共有三個紅色物品」。最後就是把結論「輸出」，這個步驟可以是說出來、寫下來，或是進行某個行動（例如「指出來」）。輸出的結果就是提問的答案，如果對答案不滿意，應該再提出新的問題，將四步驟重複一次（再次啟動思考

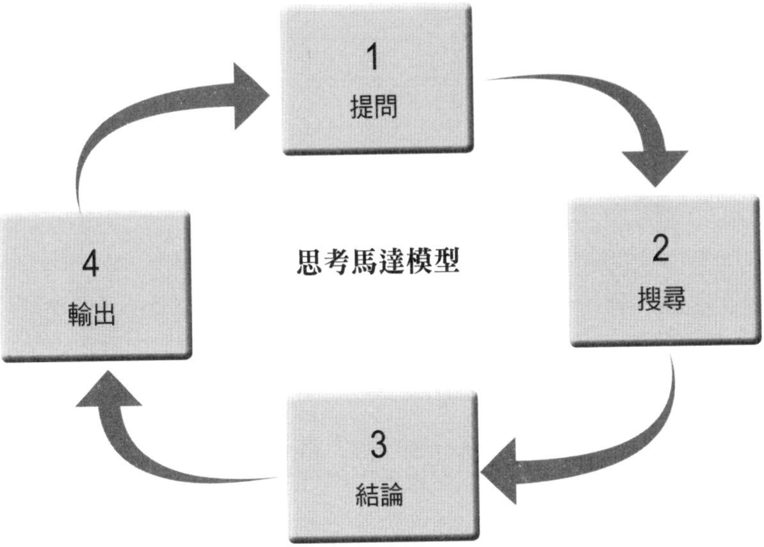

馬達）。

「提問」、「搜尋」、「結論」、「輸出」就是啟動思考的四步驟，流程如上頁圖。

在認識思考馬達四步驟之前，我們的思考是發散的、耗費時間的，不一定會有成果。而在認識思考馬達四步驟之後，我們的思考是聚焦的、省時的，一定會得出思考成果。這就是思考馬達四步驟的好處。

思考關鍵重點

- 啟動思考馬達的四步驟包括「提問」、「搜尋」、「結論」和「輸出」。
- 啟動思考馬達的好處之一，就是讓大腦對某些重點印象深刻。
- 輸出的結果就是提問的答案，如果對答案不滿意，應該再提出新的問題。

1-2

提問就像手電筒

有一次我去某學校擔任週會講座，所有同學都集合在大禮堂裡。一開始我就問在場所有同學：「這間禮堂你來超過十次以上的，請舉手？」因為這是平常全校同學聽演講、開朝會、上體育課的場地，所以大家紛紛舉起了手。

緊接著，我請全校同學閉上眼睛，問了和1-1相同的小測驗：「請盡可能說出禮堂裡有哪些紅色物品？」同學們閉上眼睛回想十秒後，我隨機詢問了依舊閉著眼睛的同學。到這裡先暫停一下，猜猜看大多數同學的答案是什麼？沒錯，幾乎都是「我沒印象」、「我不知道」、「我想不起來」。這時我請所有同學睜開眼睛，大家開始驚叫連連：「哇！原來地板有一部分是紅色的。」「原來講台上的布幕是紅色的。」「原來柱子的底部是紅色的。」甚至這時全校同學才發現，二樓看台區竟然有一個紅色大鼓！因為這個簡單的問題，同學的大腦瞬間放大了大禮堂裡的紅色物品，而且應該會記住很長一段時間。

我們的大腦接收到「問題」後，就會照亮與問題有關的線索。所謂的照亮，就是原本沒有特別在意的事物，因為問題使得大腦變得特別在意，即便最後的「結論」無法回答提問（同學們大都表示，不知道大禮堂裡有哪些紅色物品），但大腦依然會刻意放大和提問有關的線索，於是對提問的答案印象深刻。如前例，同學們雖然沒有辦法回答出正確答案，但是睜開眼睛後會忍不住去觀察有哪些紅色物品，並且對那些物品短時間內難以忘記。

所以，在啟動思考馬達的四步驟中，第一步驟的「提問」尤其重要。提問就像手電筒，提問的方向會決定手電筒照亮的方向。例如：「請問你的三個優勢是什麼？」提問的方向是要尋找優勢，手電筒就會照向大腦中與自身優勢有關的線索，這有利於大腦「搜尋」線索，得出「結論」，最後進行「輸出」。相反地，當我問：「請問你的三個缺點是什麼？」手電筒就會照向大腦中與自身缺點有關的線索，於是得出全然不同的結論。

透過提問，就可以啟動對方的思考馬達，但要小心提問的方向，如果目標是要提升對方的自信心，那麼問「請說說自己最大的優點」，會比問「請說說自己最大的缺點」來得好。當提問的方向不同，手電筒照射的方向就會不同。

思考關鍵重點

- 當大腦接收到問題之後，就會照亮與問題有關的線索。
- 即便最後的「結論」無法回應「提問」，大腦依然會刻意放大和提問有關的線索。
- 透過提問，可以啟動對方的思考馬達，但要小心提問的方向。

1-3 啟動思考馬達的情境舉例

主管帶領新進同仁時，最怕的就是新人不斷地犯了相同的錯誤，明明第一次犯錯時才耳提面命提醒要注意哪個環節，沒想到還是不斷地犯錯，實在讓主管很洩氣。身為主管其實不是千篇一律地提醒，而是進行提問，讓新人啟動思考馬達。

還記得思考馬達的好處嗎？就是「讓大腦對某些重點印象深刻」，而所謂的某些重點，指的就是手電筒照亮的部分，因此提問的方向很重要。倘若主管希望新人能把工作重點記住，不要總是犯下同樣的錯誤，他可以這麼問：「把我剛才說過的話整理出三個重點。」透過這樣的提問，新人會放大主管說過的重點，經過「搜尋」、「結論」和「輸出」三個步驟，就能對重點的印象更加深刻，降低再次犯錯的可能性。關於新人思考馬達的啟動流程，整理如下表。

思考馬達步驟	內容／動作
提問	聽到主管問：「把我剛才說的話整理出三個重點。」
搜尋	搜尋腦中的記憶或翻找筆記。
結論	得出三個工作重點。
輸出	將三個工作重點說給主管聽。（如果主管不滿意新人的答案，可以再次提問，例如：「第三個重點再思考一下，真的是這樣嗎？」）

當我們進行一項新業務時，在蒐集許多資料的過程中，難免因為資料量過於龐大，而發生看過即忘的情形，於是心生焦躁。此時可以對自己啟動思考馬達，進行自

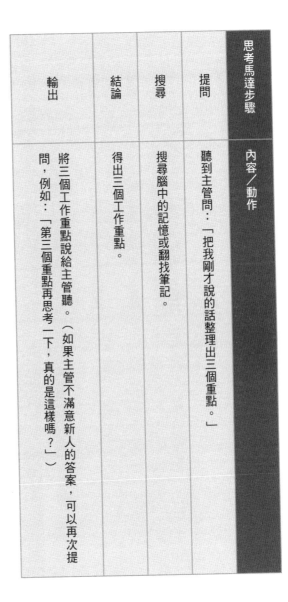

我提問，例如：「從眾多資料中，對我目前的業務最有幫助的十個重點是什麼？」

透過提問，我們就會在大腦中回想曾經看過的資料，並且放大相關的線索，把十個重點整理出來後，內心的焦躁感就會降低許多。流程整理如下表。

思考馬達步驟	內容／動作
提問	自我提問：「從眾多資料中，對我目前的業務最有幫助的十個重點是什麼？」
搜尋	大腦從眾多資料中搜尋相關線索。
結論	得出十個對業務最有幫助的重點。
輸出	將答案寫在筆記本或輸入到電腦，或者和朋友討論自己的答案，互相交流。

老師上課時，最怕聽到學生說：「老師，我忘了你上一堂課說的重點了！」上一

堂課才教過的內容，竟然這麼快就忘記了，怎麼辦呢？如果依照思考馬達，老師應該要在每堂課中間穿插提問，而且提問的方向要和課程重點有關，因為透過提問，學生便會開始回想上課的重點，而為了得到提問的答案，就會在大腦中放大老師剛才的上課內容，當大腦得到答案時，也就更加記住上課的重點。例如老師可以問：「剛剛上課的二十分鐘內容，你認為考試一定會考的重點有哪兩個？」

作家劉軒的《不敗學習力》一書中提到，當我們整理資訊花費的心思愈多，事後要回想這些資訊時就愈容易。讓學生在課堂中啟動思考馬達，有助於記住上課時得到的資訊，日後無論考試、生活或工作中需要用到上課所學內容，也更能進行回想。流程整理如下表。

思考馬達步驟	內容／動作
提問	學生聽到老師問：「我剛剛上課的二十分鐘內容，請告訴我，你認為考試一定會考的重點有哪兩個？」

搜尋	學生的大腦開始搜尋老師教過的內容、黑板的重點和課本的重點。
結論	得出兩個考試一定會考的重點。
輸出	老師點名發言時，說出自己的想法。（如果老師對學生的結論不滿意，可以繼續提問，例如：「為什麼你認為這個是重點？除了這些，還有哪些重點？」）

好不容易執行完一個專案，結果卻差強人意，一想到曾付出這麼多心血，對於不如預期的結果不免感到沮喪。但若只有感到沮喪，那麼就真的只是一次挫敗的經驗。

失落過後，我們可以問自己：「這次專案一定要改進的三個地方是什麼？」透過這個提問，大腦就會開始啟動思考馬達，回想這次專案的過程，放大問題的線索，尋找下次專案絕對要改進的三個地方。放大線索之後，便有辦法歸納出自己認為最合適的結論，同時因為是自己思考後所得出的結論，印象會更深刻、記得更清楚，那麼下次執行專案時就會更注意，有助於提升成功的機率。流程整理如下表。

思考馬達步驟	內容／動作
提問	自我提問：「這次專案一定要改進的三個地方是什麼？」
搜尋	大腦搜尋這次專案執行的細節、相關的會議紀錄和他人意見。
結論	得出下次專案一定要改進的三個地方。
輸出	將得出的結論在會議中報告、寫在備忘錄，或者著手調整正在進行中的專案。

不只工作時需要啟動思考馬達，其實生活中的許多情境都需要啟動思考馬達，無

論是親子關係、婆媳問題、目標執行、時間管理，如果能透過「提問—搜尋—結論—輸出」這四個步驟，在生活中融入思考，就會注意到更多細節，找到許多可以進步的空間。如此一來，我們所做的每一件事、上的每一堂課、讀的每一本書、度過的每一天，都會成為人生的養分，讓自己持續變好！

思考關鍵重點

- 主管要做的並不是千篇一律的提醒，而是啟動下屬思考馬達的提問。
- 面對海量的資料，難免心生焦躁，卻是啟動思考馬達的好時機。
- 因為是自己啟動思考馬達得出的結論，印象會更深刻、記得更清楚。

第2章

拆解思考馬達

善用啟動思考馬達四步驟（提問、搜尋、結論和輸出），可以得到思考的第一個好處，就是讓大腦對某些重點印象深刻；而若想要做出高品質的決定（思考的第二個好處），就得進一步拆解思考馬達，讓每一個步驟在運用時都能掌握訣竅，包括提問的時機、搜尋的方向、結論的形式和輸出的類型。

只要掌握了這四個訣竅，啟動思考馬達不僅讓大腦對某些重點印象深刻，還能做出高品質的決定，對生活、工作更加分。

2-1

提問的時機

我們都知道思考很重要，思考能讓人進步。而要啟動大腦思考，「提問」是第一步，換句話說，提問是思考的起手式。我們在生活中應該要「刻意提問」，刻意進行思考，然而每當我們想到要刻意提問時，一天往往已經接近尾聲，我們就是如此過著一天又一天，很少啟動思考馬達。

如何可以在生活和工作中刻意提問呢？想像一下，當生活遇到特定的情境時，我們就像接受到暗示一樣，觸發提問的開關，就能在生活中啟動思考馬達，如同左圖。

所謂的特定情境，指的就是提問的時機，主要有以下四種情境：

情境一：資訊超載

我們每天接觸到的訊息量有時候非常巨大，一旦資訊超載，很容易變成左耳進右耳出的狀態，導致花時間學習卻沒有收穫，或者主管交代的事情總是漏東漏西，影響工作表現。而遇到這種情況時，就是提問的好時機，我們可以這樣刻意提問：

提問1：這本書我目前讀了一百五十二頁，我要寫出三個有用的重點，會是哪三個？

提問2：主管跟我交代的事情，我要整理出最重要的五個資訊，會是哪五個？

提問3：我加班看的客戶資料，要整理出兩個最關鍵的訊息，會是哪兩個？

提問句型解析：「兩個」關鍵的訊息、「三個」有用的重點、「五個」交代的事項。

前面提過，提問就像手電筒，而提問的方向等同於手電筒照亮的方向，把具體的數字放入提問中，會讓大腦思考的方向更聚焦，如同開啟一支非常聚光的手電筒，大腦搜尋資料就愈容易。在資訊超載的情況下，提問愈聚焦，大腦愈能記住關鍵資訊。

情境二：重蹈覆轍（原地踏步）

主管常說：「我可以接受犯錯，但無法接受一直犯同樣的錯。」然而我們生活中總是會不小心地犯下同樣的錯，即便感到懊惱，卻不知道該如何改變，像是下列三種狀況：

一、工作三個月了，但是一直抓不到要領，總是犯同樣錯誤。
二、換了五任伴侶，但每次交往都會為同一件事情爭吵，導致分手。
三、總是被身邊的主管、客戶、家人、朋友抱怨，不斷地犯同樣的錯誤。

遇到這些情況，也是提問的好時機。我們可以這樣問：

提問1：我從上週的工作中學到的三件事情是什麼？

提問2：下次再談戀愛時，我應該要避免的是什麼？

提問3：下次再執行相同任務時，我應該要注意的是什麼？

提問句型解析：「我學到什麼……」、「我要避免什麼……」、「我下次要注意什麼……」。

把上述用語放到提問中，能幫助大腦從經驗中提煉出要改進和調整的關鍵資訊。每隔一段時間、每完成一項專案、每結束一段戀情，都可以運用這種句型進行提問，就能有效擺脫重蹈覆轍的情況。

情境三：難以決定

人生總會走到十字路口，遇到難以抉擇的情況，不管做出什麼樣的決定，都可能影響接下來三至五年的生活型態，例如職涯規畫的下一步、婚姻規畫的下一步，或是人生規畫的下一步。

面對難以決定的情況，也是十分適合進行刻意提問的時機。我們可以這樣問：

提問1：我明年應該繼續留在國內，還是接受公司外派到國外工作？

提問2：我該不該借錢給朋友？

提問3：我應該考研究所，還是直接投入職場？

提問句型解析：面對不確定的情境，把選項限縮到二至三個，創造出二選一或三選一的情境。如此有助於啟動大腦思考，更好地搜尋相關資料，幫助自己得出結論。

倘若你連兩個選項都很難想出來，那該怎麼辦？我的建議是，一定要強迫自己想出兩個選項，不需要是完美的選項，因為如果是完美的選項，那就是答案了。但無論如何就是要讓自己想出兩個選項，然後進行思考。

這是一個強制大腦思考的過程，因為在二選一的過程中，很容易就會激發出第三個選項，而第三個選項通常就會是自己比較滿意的選擇。以「我該不該借錢給朋友」

為例，借了錢怕朋友最後沒還，太太會生氣，不借的話，又放不下多年朋友的交情，兩個都不是最佳選項。但看著這兩個選項時，讓我想到第三個選項：和太太討論可以接受的借錢金額。所謂的「可以接受」，就是我們的生活不會因為朋友一時無法還錢而受到影響，然後再加上一點自己的私房錢借給朋友，如此一來，因為是太太同意的金額，夫妻之間不至於失和吵架，也因為加上了自己的私房錢，雖然還未達到朋友需要的金額，還是能救急一時。

所以A＋B不會等於C，A＋B等於Surprise！前提是，要先把不那麼滿意的A選項和B選項攤出來，引導大腦思考，才有機會得出Surprise。

情境4：突遭意外

意外，總是讓人措手不及。像是我的隔壁鄰居原本規畫要去日本自助旅遊，一家人都非常興奮，卻在出發前三天，大兒子在出門上學時被機車撞倒，渾身擦傷，多處骨折；又如我的一位從事媒體行業的朋友，本來規畫過年回台南老家時要去哪裡遊玩，突然接到公司來電告知，因為大環境景氣不佳，公司生存不易，希望他共體時艱，開始放起無薪假，什麼時候假期結束都不知道。

遇到意外時，時常會伴隨情緒劇烈的波動，如果遇到的意外是喜事或好事，情緒波動倒也無妨，但如果遇到的意外是衰事或壞事，那麼在情緒波動下，可能就會做出讓自己事後會後悔的決定。

就以我鄰居為例，大兒子出車禍當天，夫妻倆立刻決定不去日本，卻惹得非常期待此行的小女兒很不滿，全家大吵一架，聲音大到連我家都聽得見。後來我和鄰居夫妻聊天，兩人都說當時太倉促做了決定，應該事先與女兒討論，告訴她有關他們的擔憂和考量，也許就不會吵得那麼凶。鄰居太太說：「當時滿腦子真的亂成一團，沒有顧及到女兒的心情。」這就是遇到意外時，劇烈波動的情緒造成大腦一片空白。

面對突遭意外的情況，也是提問的好時機。可以問自己：

提問1：要讓自己平靜下來，現在應該怎麼做？

提問2：要讓自己恢復理性，可以進行的方式是什麼？

提問3：現在情緒很激動，絕對不能做的事情是什麼？

提問句型解析：面對意外情況，最重要的是想辦法讓情緒平復，唯有穩定的情緒，才不會做出錯誤的決定。因此，提問聚焦在「讓自己平靜下來」、「讓自己恢復理性」是關鍵。

擅長用薩提爾模式引導親子對話的李儀婷老師，在其著作《一句教養》中不斷提到的一句話就是：「情緒是大火，火來了，快跑！」當情緒來的時候，要為自己創造一個獨處的空間，讓情緒平靜下來。火來了，思考馬達也會被燒到故障，所以一定要先撲滅情緒之火，然後再來啟動思考馬達。

有關生活和工作中常遇到的提問時機與應用，整理如下表。

提問時機	提問範例	提問句型解析
資訊超載	這本書我目前讀了一百五十二頁，我要寫出三個有用的重點，會是哪三個？	「兩個」關鍵的訊息、「三個」有用的重點、「五個」交代的事項，把具體數字放入提問中。

重蹈覆轍	我從上週的工作中學到的三件事情是什麼？	將「我學到什麼……」、「我要避免什麼……」、「我下次要注意什麼……」等字眼放入提問中。
難以抉擇	我明年應該繼續留在國內，還是接受公司外派到國外工作？	把選項限縮到二至三個，創造出二選一或三選一的情境。
突遭意外	要讓自己平靜下來，現在應該怎麼做？	把「讓自己平靜下來」、「讓自己恢復理性」等字眼放入提問中。

除了上述四種情境適合刻意提問，其實我們隨時都能透過提問啟動思考馬達。例如女兒這次學校段考考差了，心情非常低落，回到家也不吃晚餐，就把自己鎖在房間裡。與其貿然進入女兒房間，兩人相對無語，甚至不小心說了讓女兒更難過的話，不如在進入房間之前先對自己提問：「我該如何做可以讓女兒心裡舒服一點？」心裡先

有答案後，再開門和女兒聊聊，會有更好的效果。

提問的關鍵是「方向」，主要有兩種，包括「積極的方向」和「消極的方向」。積極方向的提問會讓大腦搜尋出更多的方法，啟動思考馬達能朝解決問題的方向前進；而消極方向的提問會讓大腦搜尋出更多的抱怨，啟動思考馬達只會讓自己壓力更大、更沒有自信。

我寫這本書的時候，適逢二〇二三年農曆春節的十天連假，在連假結束倒數第三天，我和太太本來預計要去新竹拜訪朋友，但是一大早我太太的心情忽然焦躁起來，因為她發現還有許多工作沒有做完，原本預計要在十天連假中逐一完成，卻因為太常出遊而沒有心力去完成。一早她就跟我抱怨，為什麼連假期間的出遊行程要排得那麼滿，害她工作做不完。她決定要一個人在家工作，不去新竹拜訪朋友，但又覺得大過年只有她一人在家好孤單，於是開始鬧脾氣。

面對這種低氣壓的氣氛，如果我只是憑直覺做出反應，而未啟動思考馬達，一定也會跟著被挑動情緒，然後用焦躁的口氣回應，如此一來，兩人勢必會吵了起來，把過年氣氛都搞砸了。

「情緒就像大火，火來了，快跑！」首先第一件事就是要平復情緒，接著要啟動思考馬達，讓理性思考開始運作。

啟動思考馬達的第一步就是提問，我可以從消極的方向提問：「她為什麼要這樣無禮取鬧？」或是：「我為什麼要忍受這樣的狀況？」消極方向的提問雖然啟動了思考馬達，但只會得到更多負面的想法，產生更多的抱怨和無奈。換個方向，我也可以運用積極型的提問：「我該如何做才能讓太太平靜下來？」或是：「如何讓她在家專心做事又不覺得委屈？」積極方向的提問能夠引導大腦得出更多具有建設性的想法，讓事情有好的發展，不會愈來愈糟。

太太情緒暴走的那一天，我是這樣問自己：「我該如何讓她在家專心做事又不覺得委屈？」於是我的大腦開始搜尋相關資料，馬上得到的訊息是我太太的個性「吃軟不吃硬」，接著搜尋到的訊息是新竹的出遊行程其實對她的吸引力不大，因為主要只是和朋友吃火鍋，而我們前一天晚上的家庭聚餐就已經吃過火鍋了。然後吃完火鍋要帶孩子去公園玩，但當天戶外溫度只有十度，非常寒冷。

我在腦中整理過這些資訊後，便對太太說：「我知道你很想一起去新竹玩，但你的工作又做不完，我去幫你買愛吃的碗粿、小籠包和肉蛋土司，讓你當早餐和午餐，這樣就可以專心工作，不用煩惱餐點（善用她吃軟不吃硬的個性）。而且今天主要是去吃火鍋，這我們昨天已經吃過了，孩子們吃完火鍋後又要去公園跑跑，外面現在超級冷，你也受不了啊（主打行程不吸引人之處）。」經我這樣一說，她的心情果然平靜下來，決定自己在家工作，並且享受我買回家的餐點，我和兒子也順利地出發前往新竹拜訪朋友。就是因為透過積極方向的提問，啟動思考馬達後才能找出具有建設性的結論，讓事情有更好的發展。

生活中有許多突發事件，遇到時不要憑直覺應對，而是先讓自己「暫停」一下，平復情緒之火，然後透過「積極方向」的提問啟動思考馬達，通常都會產生更好的應對方式。

思考關鍵重點

- 提問是思考的起手式。我們在生活中應該「刻意提問」，刻意進行思考。
- 生活中遇到特定的情境，就像接收到暗示一般，觸發提問的開關。
- 在資訊超載的情況下，提問愈是聚焦，大腦愈能記住關鍵資訊。

2-2

搜尋的方向

做料理時，只要蒐集到好食材，通常不必太費心料理，也能烹調出美味菜餚。思考也是一樣，只要蒐集到好資料，極大機率能做出好決定。

當大腦接收到提問，緊接著就要蒐集資料，而搜尋資料有五個來源：

來源一：回顧自身經驗

來源二：搜尋網路資料

來源三：翻閱相關書籍

來源四：請教相關人士

來源五：參加相關課程

舉例來說，假設你是個每個月領固定薪水的上班族，由於通膨嚴重，你想要開始學習投資理財，把存在銀行的薪水做更好的運用，但是你不知道下一步應該怎麼做。這時你就需要搜尋相關的資訊，得出下一步該怎麼做的決定，接著就從上述五個資訊來源分別來看。

來源一：回顧自身經驗。回想自己過去有無任何理財經驗可以參考，短暫回想之後，發現自己沒有類似的經驗。

來源二：搜尋網路資料。上網輸入「投資理財」關鍵字，記得要以「積極的方向」進行關鍵字搜尋，不要輸入「消極的方向」的關鍵字。例如「如何投資理財，三十歲前存到一百萬」，這就是屬於「積極的方向」關鍵字，比較有可能搜尋到具建設性的資訊；如果輸入的是「為什麼我存不到錢」或「誰害我無法變有錢」，這樣就容易查到抱怨為主的資料，無法有效規畫下一步。此外，網路資訊五花八門，最關鍵的是要學會分辨資料的真偽，以及判斷資料是否適合目前的自己。

來源三：翻閱相關書籍。書籍最大的好處，就是可以有系統地學習某個特定主題，只要願意每天花費大約一小時的時間，快則三天、慢則一週就能看完一本書，完整地吸收特定主題的知識，因此想要學會投資理財，可以尋找兩三本適合自己的理財書籍，透過閱讀掌握相關知識。如果不知道如何選書，建議可以先看書籍的前言和目錄，通常能對一本書的核心宗旨有概略的了解，這也是我判斷現階段是否需要讀這本書的主要依據。

來源四：請教相關人士。如果周邊有親戚、同事或朋友具有投資理財經驗，可以請他們喝下午茶，並以「我現在要開始投資理財，你們可以給我一些建議嗎？」開頭，相信這些有經驗的朋友就會透過對談，給予許多想法和靈感。

來源五：參加相關課程。理財投資類的線上課程和實體課程其實很多，可以在網路搜尋和請教相關人士時，尋找合適的課程資訊。透過上課，學習會更有脈絡，同時因為認識了授課老師，也多了一位可以請教的相關人士。

而這五種搜尋資料的來源，又可以分成三大類：

第一類：記憶搜尋。這裡指的是回顧自身經驗，通常是蒐集資料的起手式。如果我們遇到的難題，正好自己之前就有過豐富的相關經驗，便能憑著經驗做出決定，也就不太會有後續搜尋其他資料的動作。

第二類：廣泛搜尋。搜尋網路資料和翻閱相關書籍就屬於這一類。網路和書籍雖然有豐富的資訊，但不一定能直接回應你現在正面臨的困境，所以必須閱讀足夠多的資訊並加以分析和整理，才能做出判斷。這也是許多人說「為什麼讀了那麼多書，依然過不好這一生」的原因，讀的書愈多，接收的資訊量愈大，分析和整理的功夫就愈重要。

第三類：聚焦搜尋。請教相關人士和聚焦相關課程屬於這一類。我們可以透過「提問」，直接得到相關人士的即時「回應」，如果仍然感到疑惑，還可以繼續「追問」，得到更具體清晰的「回應」。所以，訪問相關人士和參加相關課程時，如果想要得到符合自己目前情況的資訊，「提問和追問」是很重要的技巧，千萬不要只是靜靜地聆聽，這樣和看書及網路搜尋就沒什麼不同了。

我以一位國小同學為例，他提到如果只領固定薪水，調薪幅度根本趕不上通膨速度，未來賺的錢很有可能都被通膨吃掉，因此他打算努力學習投資理財。但他從未有過相關經驗，到底應該怎麼開始呢？

於是他想到一個好辦法，他在公司成立了投資理財社，邀約對投資理財也感興趣的同事一起加入，並邀請許多投資理財的專家來社團分享，這就是「來源四：請教相關人士」的做法，從中獲得許多有用的資訊。經過幾年的努力，他也建立了非常健全的資產配置。

我這位國小同學回顧了自身經驗，發現能參考的資訊很有限，網路搜尋到的內容也很難完全符合自己的現況，所以他從「請教相關人士」切入，據此做出許多有品質的決定。

因此，在搜尋資訊的時候，千萬不要只停留在記憶搜尋和廣泛搜尋，而要運用聚焦搜尋，才比較有機會找到精準回應提問的相關資訊。五種資料搜尋來源整理如下頁表格。

第一類：記憶搜尋	●回憶自身經驗
第二類：廣泛搜尋	●搜尋網路資料 ●翻閱相關書籍
第三類：聚焦搜尋	●請教相關人士 ●參加相關課程

記住，當你遇到一件難以下決定的事情時，一定要先耐著性子，給自己一段時間搜尋相關資訊，這樣才能做出讓自己不後悔的決定。

思考關鍵重點

- 只要蒐集到好資料，極大機率能做出好決定。
- 讀的書愈多，接收的資訊量愈大，分析和整理的功夫就愈重要。
- 請教相關人士和參加相關課程時，如果想要得到符合自己目前情況的資訊，「提問和追問」是很重要的技巧。

2-3

結論的形式

如果我問：「啟動思考馬達的好處是什麼？」而你已經從第一頁讀到此，這時你腦海中浮現的答案是什麼呢？

這時候，絕大多數的人應該會開始往前翻閱書中內容或自己隨寫的筆記，你在做的就是「搜尋」資料，也就是正在啟動思考馬達的第二步驟。

搜尋完相關資料後，就要進行思考馬達的第三步驟：「結論」。你要根據搜尋到的資料產出結論，而且結論要能呼應提問，例如本節一開始的提問是：「啟動思考馬達的好處是什麼？」到這邊你會發現，結論有兩種呈現形式，即「有肯定的答案」和「沒有肯定的答案」。

形式一：有肯定的答案

針對提問，經過搜尋相關資料後能夠得出肯定的答案，例如你能夠明確列出啟動思考馬達的好處。

形式二：沒有肯定的答案

針對提問，經過搜尋相關資料後「沒」能得出肯定的答案，例如你不能明確列出啟動思考馬達的好處。

沒有得到肯定答案時，我們可以「降低問題難度，重新提問」，大腦便會根據新的提問重新啟動思考馬達，說不定就能得出全新的結論。而降低問題難度最簡單的方法，就是在提問中「加入數字」或「加入選項」。

回到原來的提問：「啟動思考馬達的好處是什麼？」如果沒有得出一個肯定的答案，別氣餒，你可以加入數字，重新問自己一個問題，例如：「啟動思考馬達的『一個』好處是什麼？」加入數字「一個」之後，是不是覺得大腦搜尋資料的方向忽然變得聚焦了？而且只要找到一個好處就行，問題難度也降低，更容易得出肯定的答案。

換個方法試試，我們也可以加入選項，重新問自己一個問題：「學習啟動思考馬達的技巧後，對生活的幫助比較大，還是對工作的幫助比較大？」加入選項之後，大腦只需要搜尋這兩個選項的相關資訊，不僅讓搜尋資料的方向更聚焦，問題難度也跟著降低，同樣更容易得出肯定的答案。

也就是說，在問題中加入「數字」或「選項」，讓大腦搜尋資料的方向更聚焦，等於降低了問題的難度。

整理一下，結論有兩種形式，一是「有肯定的答案」，另一個是「沒有肯定的答案」，我們以能夠得到肯定答案為目標，但沒有肯定答案也是一種結論，這提醒我們要「降低問題難度，重新提問」。只要運用加入「數字」或「選項」的方式來降低提問難度，讓大腦搜尋資訊時可以更聚焦，就能得出肯定的答案。

最後，你找到啟動思考馬達的好處是什麼的答案了嗎？有兩個，第一是對某些關鍵資訊印象更深刻，第二是能夠做出更高品質的決定。你答對了嗎？

思考關鍵重點

- 沒有得到肯定的答案時，我們可以「降低問題難度，重新提問」。
- 降低問題難度最簡單的方法，就是在提問中加入「數字」或「選項」。
- 讓大腦搜尋資料的方向更聚焦，等於降低了問題的難度。

2-4 輸出的類型

在腦中得出的結論如果沒有寫出來、說出來或化做實際行動，很快就會忘記，因為生活中有太多事情在爭取我們的注意力。沒有輸出，最終的結果就是煙消雲散，白白可惜了「提問」、「搜尋」和「結論」三步驟的努力。

我始終相信，「輸出等於思考」。我和一些事業有成的職場人士交流時，發現他們隨身都會攜帶一枝筆和一本體積不大的筆記本。交流過程中，每當有不同的想法和結論時，他們都會在筆記本中進行記錄，因為如果只是單純記在腦中，交談結束後可能就忘了。我也發現，許多學習力非常強的人在上課時，不僅隨時用紙筆記錄新的想法和發現，也會在課程分享心得時間踴躍發言，把自己的想法說出來，因為在說的過程中，也是整理思緒的一個好方法。

有人曾說：「紙和筆是大腦的外接硬碟。」將大腦啟動思考馬達後得出的結論，透過紙筆寫下來，一來可以讓大腦得到喘息的空間，不用記住那麼多重點，二來透過觀看寫在紙上的重點，能得到更多想法和靈感。因此啟動思考馬達時，紙和筆可說是必備的物品。

以我的教學搭檔為例，他每天閱讀的時間超過兩小時，然後在我們前往上課地點的車程中，他會拿出記錄想法的筆記本，把從閱讀中得到的想法與我分享。

有一次我忍不住問：「你每次都對我說那麼多讀後心得，這對你產生了什麼樣的影響呢？」他想了想說：「以前我只是單純地閱讀，很容易讀過就忘，更不用談運用在工作中。自從我開始把閱讀到的重點記錄在筆記本裡，我更加清楚自己從每本書中學到的重點。接著我又主動與你分享這些重點，透過說的過程，我會產生更多原本沒有想到的靈感，而且對於重點記得更清楚。」

在我點頭表示佩服時，他繼續說：「我不是只有把想法寫出來和說出來而已，我會嘗試把每本書中的重點融入到我們的教學簡報，這樣閱讀就真正替我的工作大大加分，這是我覺得最棒的一件事。」

再以我兒子為例，目前就讀幼稚園大班的他每天回家都要花三十分鐘左右的時間閱讀、寫作業，然後就可以看三十分鐘的電視。為了能看電視，他總是用最快的方式進行學習，然而啟動思考馬達是需要時間的，速度太快的學習很容易就被大腦遺忘。

但他才沒想那麼多，就只是想趕快看電視，因此我採取了應變方法。每次他說：「繪本看完了，功課也寫完了，我要去看電視了。」我就會請他用三分鐘的時間把繪本的重點說給我聽，然後隨機出幾題學校功課的內容考考他，確定他能夠正確回答。偶爾我還會把之前看過的繪本和寫過的功課，請他再分享一下還記得哪些重點。有時候兒子說不出來，那就代表他因為太急著想看電視而沒有啟動思考馬達，於是我會要求他以能夠講出心得、回答我的提問為目標再次學習，直到能夠好好地講，才能去看電視。

我做的事情就是讓兒子刻意輸出。輸出等於思考，而記憶是思考的殘餘物，對大腦來說，沒有經過思考的內容很容易遺忘。

啟動思考馬達的最後一個步驟是「輸出」，將思考得到的結論以下列三種形式輸出，分別是「說出來」、「寫出來」和「化做實際行動」。輸出是為了不要辜負思考馬達前三個步驟的努力。將大腦歸納的結論輸出，會讓印象更深刻，甚至更容易產生更多想法和靈感；如果是要做決定的情境，也能據此做出更高品質的決定。

最後，思考馬達拆解的四步驟細節整理如下表。

步驟	細節
提問	四種情境： 1. 資訊超載 2. 重蹈覆轍 3. 難以抉擇 4. 突遭意外
搜尋	五種來源： 1. 回顧自身經驗 2. 搜尋網路資料 3. 翻閱相關書籍 4. 請教相關人士 5. 參加相關課程
結論	兩種形式： 1. 有肯定的答案 2. 沒有肯定的答案
輸出	三種類型： 1. 說出來 2. 寫出來 3. 實際做出來

提醒

- 遇到狀況，隨時給自己「暫停」的時間，透過提問啟動考馬達。
- 提問分為兩種方向：積極性的方向、消極性的方向。
- 資料搜尋可歸納成三大類：記憶搜尋、廣泛搜尋、聚焦搜尋。
- 搜尋資料時，要運用到聚焦搜尋的方法。
- 沒有得到肯定的答案時，可以透過降低問題難度，重新啟動思考馬達，如此便能提高得到肯定答案的機會。
- 降低問題難度的方法，就是在提問中加入「數字」或者「選項」。
- 紙和筆就像大腦的外接硬碟，把得到的結論寫出來，一來避免遺忘，二來看著寫在紙上的文字，可以得到更多靈感。

思考關鍵重點

- 輸出等於思考。
- 對大腦來說，沒有經過思考的內容很容易遺忘。
- 輸出，是為了不要辜負思考馬達前三個步驟的努力。

第3章

優化思考馬達

讀到這裡，你已經很清楚啟動思考馬達的四個步驟（「提問」、「搜尋」、「結論」和「輸出」），接下來我們要做的就是優化這四個步驟，也就是每個步驟再做更細節的運用，讓我們能透過思考獲利。

舉例來說，小美終於進入夢寐以求的銀行業實習，但半年後將面對直屬主管的考評，通過了就能予以留用，未通過的話就要另謀高就。而能否通過的關鍵是，小美能否在半年內盡快熟悉工作流程，並且協助主管進行專案。

小美每天戰戰兢兢，全力以赴，但可能因為太緊張，總是小錯不斷，時常讓主管不知如何是好。在一次和客戶的線上會議中，小美又因為粗心忘記準備某份重要資料，會議後遭到主管嚴厲斥責，希望她工作可以更用心。面臨這種情況，就是前面提到的「重蹈覆轍」情境，此時小美應該進行刻意提問來啟動思考馬達，讓自己從挫折的經驗中得到收穫，並且快速振作起來。

問題來了，小美對自己的提問竟是：「我真的和主管處不來耶，為什麼他總是故意針對我？」這當然也是一個提問，同樣也能啟動思考馬達，但你發現了嗎，當小美這樣問自己時，只是流於抱怨主管的惡性循環，無助於工作的進步。

優化思考馬達的關鍵在於四步驟都有可以優化的空間，像是從提問到尋找，可以運用提問的三個方向進行優化；從搜尋到結論，可以用整理的四種方式進行優化；從結論到輸出，可以用行動的兩種選擇進行優化；輸出之後，可以從連結的四種線索進行優化，並且決定是否再次提問。整理如下頁圖。

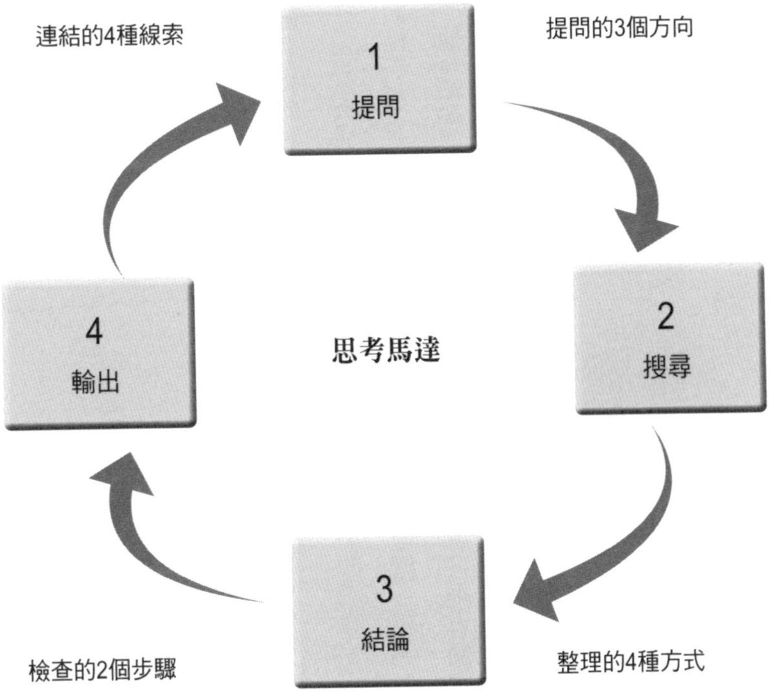
連結的4種線索
1
提問
提問的3個方向
4
輸出
思考馬達
2
搜尋
3
結論
檢查的2個步驟
整理的4種方式

3-1 提問的三個方向

暢銷書《被討厭的勇氣》讓許多人認識了自我啟發之父阿爾弗雷德．阿德勒（Alfred Adler, 1870-1937），這本書提到一個很有意思的場景……阿德勒的諮商室裡擺了一個三面柱，每一面分別寫著「我很衰」、「他很糟」和「怎麼辦」。如果有人來找他諮商，他會先問「怎麼了」，對方就會開始訴說，內容通常和「我很衰」及「他很糟」有關。阿德勒會靜靜地聽著，直到他們說到一個段落，然後他問：「那你覺得下一步該怎麼做呢？」

「下一步該怎麼做呢？」就屬於三面柱中的「怎麼辦」，也屬於積極型的提問；「我很衰」、「他很糟」則屬於消極型的提問，像是：「為什麼我會遇到這種事？」「他為什麼要這樣對我，有沒有良心啊？」這樣的提問只會引來抱怨，不會有任何具建設性的答案。

因此，要優化提問，就要從「怎麼辦」的角度進行，最後得出的結論才會有建設性，而不要用「我很衰」及「他很糟」的角度進行提問，這樣得出的結論只會剩下消極的抱怨。

回到前面小美的例子。當小美以「我真的和主管處不來耶，為什麼他總是故意針對我？」這個問題啟動思考馬達，這就是從「他很糟」的角度提問，最後只是淪為抱怨大會而已；如果以「怎麼辦」的角度提問，小美應該問自己：「下次再遇到類似情況時，為了避免同樣的錯誤再次發生，我應該注意的兩件事是什麼？」

透過「怎麼辦」的角度提問來啟動思考馬達，最後得出的結論會比較有建設性，當結論具有建設性時，啟動思考馬達才有意義。這一切都要從優化提問的角度開始，記得要從「怎麼辦」的角度設想提問句。

思考關鍵重點

- 「怎麼辦」屬於積極型的提問。
- 從「怎麼辦」的角度進行提問，最後得出的結論才有建設性。
- 結論有建設性，啟動思考馬達才具意義。

3-2 整理資訊的四種方式

繼續以小美為例。

當小美自問：「下次再遇到類似情況時，為了避免同樣的錯誤再次發生，我應該注意的兩件事是什麼？」接著她開始搜尋關於問題的答案，透過「回顧自身經驗」，回想自己的工作流程中可以改進的地方，並列出六個下次遇到類似情況能夠更好的做法。然後透過「請教相關人士」，小美去問了頗聊得來的前輩，請對方給自己工作上建議。前輩很熱心，給了小美八個工作上可以更好的指點。換句話說，小美在搜尋階段總共得到了十四個資訊。

十四個！光聽到這個數字就覺得一個頭兩個大！許多人就是因為搜尋到的資訊太龐大，不知道該如何歸納結論，最後選擇放棄。明明已經找到資訊，最後卻以放棄結尾，是最可惜的一件事。因此，如何優化這個環節，可以善用歸納結論的四種方式：

方式一：俯瞰型整理法

小美可以將十四個資訊分別寫在便利貼上，然後貼在牆壁，接著後退兩步，觀看整面牆的內容，就像老鷹由上往下俯瞰全局一般，所以稱之為「俯瞰型整理法」。許多電影或電視劇中警察辦案時，也常把得到的所有線索都張貼在一面大牆或白板上，他們運用的就是俯瞰型整理法，這種方法可以讓大腦從中獲得靈感。

我將俯瞰型整理法放在方法一，是因為我認為所有資訊整理的起手式都可以從這個方法開始，將資訊全部視覺化地呈現出來，就能讓大腦更輕易地歸納出結論。如果你蒐集到的資訊量很龐大時，不妨先以俯瞰型整理法整理資訊，這會讓歸納結論更加輕鬆。

方法二：分類型整理法

市面上有許多以麥肯錫（McKinsey & Company）為名的書籍，像是《麥肯錫問題分析與解決技巧》、《麥肯錫邏輯思考術》和《麥肯錫極簡工作法》等，它們不約而同地強調一件事——分類，這是將複雜事情變簡單的關鍵工具。因此，當我們蒐集到大量資訊、大腦覺得複雜又混亂的時候，就要提醒自己運用「分類型整理法」。

分類的基準有很多種，我最常運用的有下面四種：

一、**以「時間」分類**：可以分成「前期」、「中期」和「後期」，或者「過去」、「現在」和「未來」。

二、**以「重要性」分類**：可以分成「非常重要」、「普通重要」和「重要」。

三、**以「可行性」分類**：可以分成「有能力執行」、「執行有點難度」和「執行非常困難」。

四、**以「急迫性」分類**：可以分成「非常緊急」、「沒那麼緊急」和「不緊急」。

值得一提的是，將「俯瞰型整理法」和「分類型整理法」結合在一起，對歸納資訊的效果非常好。也就是先將蒐集到的資料全部視覺化地整理出來，並張貼在牆壁上，接著將這些資訊進行分類，牆壁上就會呈現出已分門別類好的資訊，讓大腦能夠更輕鬆有效率地歸納出結論。

方法三：深掘型整理法

深掘型就是假設選定一個結論，然後不斷地問「為什麼」。例如，建維要開一間咖啡廳，他根據自己想要的裝潢風格，在網路上搜尋了多種牆壁顏色，暫時選了「平靜藍」。但這個顏色真的好嗎？其實他心裡有點猶豫。這時建維就可以進行深掘型整理法，不斷地在心裡自問自答：

問：「為什麼是平靜藍這個顏色？」

答：「因為這符合我要的安靜沉思的風格。」

問：「為什麼平靜藍符合安靜沉思的風格？」

答：「因為藍色會讓人思緒沉澱，我希望不管是誰、原本在忙什麼事情，只要進到我的咖啡廳，因為看到平靜藍而讓自己慢慢沉靜。」

問：「為什麼一定要平靜藍，其他藍色不行嗎？」

答：「再深一點的藍色會讓人感到憂鬱，無形中使得氣氛變得壓抑。但淺一點的藍色又會讓人想到夏天的海邊，反而讓人坐不住，想要出去走走，心情無法沉靜。」

透過這樣不斷地以「為什麼」作為開頭的自問自答，讓自己更清楚為什麼要選擇平靜藍。

當然，也有可能在自問自答的過程中否定了自己原本的結論，這表示最適合的結論還沒出現。二〇二二年是我從事講師工作的第十年，覺得自己應該要學習更多的知識和技能，於是經過一番資料的搜索，我選定了「心理諮商研究所」，但內心還不是很篤定這是不是最適合的決定，畢竟念研究所需要付出無數的時間和資源。我開始在心裡自問自答：

問：「為什麼要讀研究所？」

答：「因為想要持續精進自己，讓我的學員上我的課程時有更多收穫。」

問：「為什麼是心理諮商研究所？」

答：「因為我的工作需要不斷地和人接觸及對話，掌握心理諮商的專業和技巧，對於我的工作會有加分作用。」

問：「為什麼是現在這個時間點？這是最適合讀研究所的時機嗎？」

答：「孩子剛滿五歲，週末正是需要家人陪伴的時候，如果週末都去上研究所課程，可能就錯過了和他相處的機會。而且一旦去念研究所，代表有些演講、課程都得取消，直接影響了我的收入。看來現在是不是念研究所最好的時機，值得再思考。」

問：「什麼樣的情況才算是最適合的時機？」

答：「等孩子再大一點，比如上小學後，週末會有自己的社團活動。還有我要開始布局線上課程，如果都能轉成線上課程，就有更充裕的時間進修，也不會對收入有太大衝擊。」

經過這樣一番的內心對話，我就決定延遲進修計畫了。

透過上述兩個例子可以看出，建維運用深掘型整理法更加堅定了自己選擇平靜藍的原因，內心不再猶疑，做起事來會更堅定果決、有效率，我自己也運用深掘型整理法，明白了現在不是讀研究所的最佳時機。從資料蒐集到得出結論的過程，深掘型整理法是個優化的實用工具。

方法四：綜合型整理法

綜合型就是「A＋B＝Surprise」，把兩個自己都不是很滿意的資訊加起來，說不定可以得到充滿驚喜的結論。

舉例來說，小明是國小六年級學生，過去幾年的暑假都是一開始放假很興奮，之後就覺得無聊，而這是他國小生活最後一個暑假，他不想繼續這樣度過，於是搜尋了一些資料，像是參加三天兩夜的營隊、為期一個月的足球訓練營、報名最喜歡的線上繪畫課程等。

這些方案看起來都不錯，但好像少了點什麼，於是小明運用綜合型整理法，把「參加三天兩夜的營隊」加上「報名最喜歡的線上繪畫課程」一起思考，但去營隊時並不適合上繪畫課程，參加繪畫課程也無法同時出現在營隊，那麼兩個選項的交集是什麼呢？小明東想西想，忽然冒出一個他很喜歡的點子，那就是邀請要好的朋友輪流在各自家中過夜，然後在彼此家中時，還可以一起畫畫玩樂，如此便兼顧了離家參加營隊和在家畫畫這兩種體驗。最重要的是，小明希望國小最後一個暑假能和好朋友聚在一起，而透過綜合型整理法得出的最終方案，讓他非常滿意。

這就是小明啟動思考馬達後，外加綜合型整理法優化的效果。

思考關鍵重點

- 當資訊量太大、整理起來會顧此失彼時，最適合用俯瞰型整理法。
- 大腦覺得很混亂時，要提醒自己趕緊使用分類型整理法。
- 深掘型整理法可讓你更堅定自己的結論，或者放棄也不會猶豫。
- 綜合型整理法就是A＋B＝Surprise。

3-3 檢查的兩個步驟

請回想一下學生時期參加考試，當你寫完考卷時，你應該多檢查幾次、持續修改自己的答案，還是接受最初的直覺？我身邊許多朋友都認為，考試中自己的首選往往是最佳答案。

可是，《Learn Better學得更好》（*Learn Better*）一書作者烏瑞克．鮑澤（Ulrich Boser）歸納許多相關研究後發現，檢查和修改答案通常能夠提升考試成績。這項訊息同時也提醒我們，當我們啟動思考馬達得出結論後，不要急著付諸行動。鮑澤已經提醒我們，最初得到的答案通常不是最好的答案，我們應該要把結論放一陣子，花時間檢查和持續修改結論，會有較高機率得出更讓人滿意的答案。

不過這存在一個風險，那就是當我們把結論暫時擱置時，很容易因為緊湊的生活步調、忙碌的工作任務，一不小心就遺忘了好不容易得出的結論。我想你一定有過這種經驗：散步時想出一個很棒的點子，結果回到家東忙西忙後，卻完全忘記曾經想到的超棒點子，這實在是非常可惜的事。

我們希望得出的結論可以暫時擱置一段時間，讓大腦有時間檢查和修改它，達到優化的效果，但又擔心在擱置期間因為忙碌就忘了曾經得出的結論，怎麼想都想不起來，此時就可以運用檢查的兩個步驟：

步驟一：隨身攜帶紙筆

步驟二：隨時記錄結論

隨身攜帶紙筆就是為了有結論後能隨時記錄下來，而隨時記錄結論則是為了能夠持續檢查和修改答案。著有暢銷書《說不出口的，更需要被聽懂》的心理諮商師胡展誥老師曾在一次聚會時提到：「我每次前往不同邀課單位演講，結束後，在開車回程的路上，我都會思考下次上課可以調整的部分，然後把想法用手機錄音錄下來，這樣我在開車時也能隨時記錄下結論，不容易忘記。」隨身攜帶紙筆不一定就是紙和筆，手機也是非常好用的記錄工具。只可惜我們很少養成隨時記錄的習慣，沒有隨時記錄，就算得出再好的結論，也隨時會煙消雲散。

曾獲廣播金鐘獎的資深媒體人和行銷人王介安老師，也有隨身攜帶紙筆並隨時記錄的習慣。有一次他在演講時提到，從事第一份工作時，他在一年內就寫滿了五本筆記本，內容都是每天下班後的總結，包括主管、同事和客戶的個性，以及開會習慣、如何調整彼此的互動方式、每天工作心得和下次再遇到時可以如何調整等。但他並不急著立刻運用筆記上的想法，因為他知道這些想法都還不成熟，一定有許多細節沒有注意到。不過他會時常翻閱，每次翻閱就多了一次檢查和修改想法的機會，經過一段時間的調整，當想法變得愈來愈成熟，他就會將想法付諸實行，確實也在工作上得到了好成績。

啟動思考馬達得到的結論，就好像考試時第一時間憑直覺寫出的答案，我們要提醒自己，那還不是最成熟的答案，要把結論進行一番檢查和修改，調整後的結論才會是最接近完美的答案。而養成隨身攜帶紙筆和隨時記錄想法的習慣，就能把結論先記錄下來，既不怕忘記，還能輕鬆從容地進行調整和修正。好的結論都是我們用心打磨出來的，剛得到的結論就像原石，不急著輸出，只要耐心地打磨，就會變成鑽石等級的結論。

思考關鍵重點

- 最初得到的答案，通常不是最好的答案。
- 隨身攜帶紙筆就是為了有結論後能隨時記錄。
- 隨時記錄結論是為了能夠持續檢查和修改答案。

3-4 連結的四種線索

如果我們沒有動機做一件事，自然就不會去做那件事，這是顛撲不破的道理。但是要如何引發做一件事的動機呢？耶魯大學管理學教授艾美．瑞斯尼斯基（Amy Wrzesniewski）提到：「產生動機的關鍵因素之一是意義。不只是快樂，不只是獲利，是意義！」她在一項以醫院清潔人員為對象的訪談專案中發現，為自己找到工作意義的員工，對工作會更投入，例如一位清潔人員覺得自己是醫院的形象大使，還有人稱自己為「療癒者」。這些清潔人員不僅比其他同事更投入工作，也對自己的工作更滿意，每天工作更有動力。

許多上班族都知道持續學習的重要性，但忙完一整天後，要拿起書來讀已是有心無力。該如何讓無心讀書的上班族每天下班後依然有動力讀書呢？關鍵就是為下班後的閱讀找到意義，這時可以問自己：「閱讀對我的生活有加分嗎？」或是：「每天下班後閱讀三十分鐘，對我的工作有幫助嗎？」透過這些提問和自己對話，然後把想法寫在紙上，或許就能發現下班後閱讀對自己的意義，只要有意義，就會產生動力。

為要做的事情連結意義，就會產生做那件事的動機。當我們啟動思考馬達得出結論並且輸出後，如果沒有動力去執行，就要主動為結論賦予意義。這也是為思考馬達添加的最後一個優化工具，總共有四種方式，接下來用一個例子來加以說明。

國小五年級的小華因為參加作文比賽表現優異，得到一筆獎金六千元，媽媽說這筆獎金交給小華自由運用，而爸爸為了獎勵他，又加碼了六千元，讓他可以買自己喜歡的東西。

小華非常興奮，以「我最想要買的東西是什麼？」為題目，開始啟動思考馬達。接著上網搜尋相關資料，得出了四個選項，總價都在一萬兩千元左右。他將四個選項逐一寫在空白紙上，並給父母看。媽媽看完後只說了一句：「你想買的東西都需要長時間練習，你有信心能持之以恆？」小華聽完後，內心擔心了起來，如果半途而廢，這筆錢不就浪費了？

我們先來看看，小華選的四樣東西分別是：

物品一：作文線上課程

物品二：整套足球用品

物品三：合歡山露營活動

物品四：桌遊創意營隊

小華該怎麼做才能確保自己有動機持續運用這四項物品，而不會半途而廢？關鍵就是要幫這四項物品賦予意義，有了意義，持續執行的機會就大增。而賦予意義的方式有四種，分別是：

一、**優勢連結**：可以更精進我們的優勢或長處，讓我們更有動力去做某件事。

二、劣勢連結：可以補強我們的劣勢或短處，讓我們更有動力去做某件事。

三、比較連結：可以填補和比較對象之間的裂縫，讓我們更有動力去做某件事。

四、願景連結：可以往心中的目標更前進一步，讓我們更有動力去做某件事。

以第一項物品「作文線上課程」為例，小華參加作文比賽得到了優異成績，可見他應該很擅長寫作，這時他可以運用「優勢連結」，讓學習作文線上課程更有意義。他可以對自己說：「我的優勢是作文寫作，現在參加作文線上課程，可以更加擴大我的優勢，寫出更棒的作文。」透過優勢連結，小華幫作文線上課程賦予了意義，也讓他執行這項結論時變得更有動機。

第二項是整套足球用品，由於小華每天都會花上許多時間寫作，因而比較少時間運動，體力和身體協調性都不夠好，如何可以持續踢足球不要半途而廢呢？這時就運用「劣勢連結」，小華可以對自己說：「如果我時常踢足球，就可以增強體力和身體協調性，那是我最弱的一部分。如果鍛練起來，我就能文能武，真是太棒了！」

第三項物品是合歡山露營活動，要去山上露營，事前需準備的物品很多，像是帳篷、睡袋、食材、各式器具等，還要不斷運動、增加體能，在山上才不容易出意外。小華要如何保持動力做這些準備，最後順利前往合歡山參加露營活動呢？這時就能運用「比較連結」，他可以對自己說：「我平常都是自己待在教室寫作文，下課很少和朋友出去玩，假日也都在圖書館閱讀和寫作，比起同學們總是玩在一起，我更多時候是一個人，如果我能去參加合歡山露營活動，就有機會認識新朋友，還能學習與人相處的技巧。」把「合歡山露營活動」連結到「增進人際關係」這層意義，會讓小華有動力進行露營前的準備，這項結論也更有被執行的可能。

第四項物品是桌遊創意營隊，小華要在營隊中從無到有創造出自己的桌遊，聽說晚上還會忙到沒時間睡覺，因為創造桌遊需要注意的細節非常多，很耗費腦力，這會讓小華臨陣卻步、最後選擇放棄參加嗎？這時就能運用「願景連結」，小華可以對自己說：「我的夢想是把文學結合桌遊，讓所有人在玩樂中體會到文學的美好。如果設計出結合文學的桌遊，說不定能找到志同道合的好朋友。」透過把「桌遊體驗營」連結到「小華的願景」，讓小華即便面對困難度頗高的營隊，也有動力全力以赴。

透過啟動思考馬達得出的結論，才不會最後草草了事，而這就是優化思考馬達的最後一項工具——連結的四種線索。

還記得前面提到好不容易獲得銀行業實習機會的小美嗎？雖然在實習過程中遇到低潮，也一度懷疑自己，但透過思考馬達，小美找到了可以讓自己進步的方法。不過她猶豫了，經過幾個月被主管的斥責以及客戶的抱怨，她開始懷疑自己是否能勝任這份工作。

資深前輩阿德看到她猶豫不決的樣子，便對她說：「還記得你開始實習的第一天嗎？那時候你告訴我們，進入銀行業工作是你的夢想，既然是夢想，本來就不容易達成，可是千萬不要成為夢想的逃兵啊。拚拚看，就算最後失敗了，也是人生的一個美好故事。」經過前輩阿德的提醒，小美回憶起自己想進銀行業的初衷，體內慢慢升起動力。她拍拍自己的臉頰，決定運用歸納出來的兩個方法，在剩下的時間裡繼續努力，最起碼不要留下遺憾。

你發現了嗎？前輩阿德運用的是「願景連結法」，幫助小美將啟動思考馬達後好不容易歸納出來的兩個方法賦予意義，讓小美更有動力前進。從知道到做到，中間還需要一股動力對我們踢出那臨門一腳，善用連結的四種線索，動力便由此而生，行動就此展開。

最後，將優化思考馬達的四種工具各自的特點及運用階段整理如下表。

工具名稱	運用說明	優化階段
提問的三個方向	從「怎麼辦」的角度進行提問，啟動思考馬達時，搜尋的資料才會有建設性，而不會淪為抱怨大會。	「提問」階段到「搜尋」階段
整理資訊的四種方式	當蒐集到的資訊太過龐大時，為了避免大腦負擔過重，可以運用整理資訊的四種方式，讓大腦輕鬆歸納出結論。	「搜尋」階段到「結論」階段

檢查的兩個步驟	一開始得出的第一個結論通常不是最完美的，擱置一段時間後再進行檢查和修改，會得出更適合的結論。	「結論」階段到「輸出」階段
連結的四種線索	歸納出最終結論後，讓自己有動力持續執行的方法就是將結論賦予意義，即連結的四種線索。	「輸出」階段到「提問」階段

思考關鍵重點

- 找到做這件事對自己的意義，就能引起動機。
- 運用連結的四種線索，為結論賦予意義，執行結論才有動力。
- 既然是夢想，本來就不容易達成，但不要成為夢想的逃兵。

第二部

停止思考

為什麼思考馬達不運轉？

某日我從台北結束課程時已是晚上九點，搭乘高鐵回到台中，再從高鐵停車場開車準備回家，車上時間顯示十一點多。回家路上會經過我心目中的「神隱少女一條街」，那條街上充滿美食，而我總是忍不住誘惑，停下車大快朵頤一番。就像神隱少女的父母一樣，不意外地，結尾也總是以愧疚感告終，因為知道自己的體重實在不適合吃宵夜，但肚子總被宵夜裝得滿滿，這就是我每次下課後的情景。

如果以第一部中的刻意提問三部曲（特定情境↓觸發開關↓自我提問）來看，開車經過神隱少女一條街就是面臨到「難以抉擇」這個特定情境，我應該觸發自我提問的開關，照理說，我要給自己一個二選一的選項，像是先回家洗澡後出來吃，或明天晚上沒課再早點來吃。你發現了嗎？當我啟動思考馬達，運用二選一的提問方式，如果我選擇回家洗澡後再出來吃，很有可能因為懶惰而決定不出門，成功！如果我選擇明天晚上早一點來吃，那就沒有吃宵夜的問題，成功！但我每次半夜經過這條街就是無法啟動思考馬達，別說二選一的選項，腦袋簡直一片空白，能想到的只有食物、食物和食物。

想要啟動思考馬達，就要找到無法啟動的原因，並且對症下藥。在第二部中，就要帶你找到原因，然後移除，順利啟動。

第4章

「情緒」的影響

我曾在上課時聽過描寫情緒的一段話，覺得非常有意思，內容是這樣的：「情緒就像一道隔音非常好的牆，站在牆兩邊的人，彼此是聽不到對方說什麼的！」這段話是在提醒你我，與人溝通時若產生了情緒，就應該適時暫停，等待情緒消化，再繼續和對方討論，如此溝通才能創造雙贏。

情緒會讓對話終止，情緒也會讓思考馬達停滯。

4-1 為什麼情緒會讓思考馬達停止？

啟動思考馬達，其實就是在內心和自己對話，而當情緒出現時，其實也在內心出現一道隔音極好的牆，隔絕了內心的對話。

美國心理學家強納森．海德（Jonathan Haidt）在《象與騎象人》（*The Happiness Hypothesis*）一書中，將人們大腦的理性思維比喻為騎象人，他冷靜分析，熱愛思考，總是希望做出最佳的選擇，換句話說，騎象人能夠啟動思考馬達；而大象代表大腦中的感性思維，衝動、有衝勁，但有點不顧後果，只想滿足當下的需求，常常做出讓自己事後覺得後悔的事情。

想像騎象人騎在大象背上，當我們情緒起伏時，就好像在大象與騎象人中間升起了一道隔音極好的牆，大象和騎象人聽不到彼此說話。那麼這時應該要往哪裡走？誰說了算？既然聽不到對方說話，就憑力氣決定吧，而大象的力氣當然大過騎象人，所以大象就強行拉著騎象人前進。

因為大象做事有衝勁、有點不顧後果、只想滿足當下需求的特性，那麼在神隱少女一條街停下來吃頓宵夜，就百分百是大象會做的事。騎象人有沒有阻止呢？有的，但他啟動思考馬達後得出的結論被隔音極好的牆擋住了，力氣卻又沒有大象來得大，因此思考馬達形同虛設。

生活中也有許多類似的情況，例如我們不想對孩子大吼大叫，每次生氣之後就會覺得沮喪，開始自我檢討，提醒自己下次再遇到失去耐心的時候，應該心平氣和地與孩子對話（這就是「重蹈覆轍」這個特定情境）。但是遇到相同情境時，情緒又被孩子挑起，整個隔音牆升起後，根本沒有騎象人說話的餘地，於是大象就強行拉著騎象人做出讓自己後悔的行為。

又好比你接到另一半的電話說今天要加班晚回家，這已經是連續五天加班晚歸了，一聽到這個訊息，你的情緒幾乎爆炸了（這就是「突遭意外」這個特定情境）。你知道要啟動思考馬達來引導自己冷靜下來，問題是，騎象人還沒開啟讓自己平靜的步驟，大象又拉著騎象人往前衝，硬是脫口把另一半痛罵一頓，兩人在電話裡吵了一架，這注定又是個令人失望的夜晚。

每一次遇到特定情境，騎象人有沒有想要啟動思考馬達？有的，然而情緒被挑起後，大象根本聽不到騎象人說的任何話，思考馬達得到的結論也就無法讓大象接收到，最後因為一時衝動，做出許多不經思考的事情，徒增後悔。

看到這裡你就能了解，我們不可能沒有情緒，然而當情緒被挑起，我們應該有方法去平復情緒，讓隔音牆快點降下。大象能聽到騎象人說的話，騎象人能把啟動思考馬達後的結論說給大象聽，這才是關鍵！

思考關鍵重點

- 騎象人代表理性思維，大象代表感性思維，騎象人和大象應該有良好的溝通管道，思考馬達才有機會啟動。
- 當情緒起伏時，大象聽不到騎象人講話，思考馬達形同虛設。
- 我們應該要有方法讓情緒恢復穩定，即大象要能聽見騎象人的想法。

4-2 如何快速安撫情緒？

人不可能沒有情緒，好比走在路上，你一時沒忍住打個大噴嚏，剛好走在你身旁的陌生人給了你一個白眼，你心裡可能覺得：「那是什麼眼神啊?!打噴嚏也不行，又不是沒用手遮著！」但或許你沒發現，這時你的情緒已經波濤洶湧。

生活中是不是常遇到這種「一秒讓你情緒起伏」的情況？

再舉個例子。再過三十分鐘就要下班了，你和朋友約好要去打球，突然客戶傳來e-mail，請你明天上班前提供一份非常重要的文件。問題是，整理這份文件至少需要兩小時，你一看到訊息，不禁覺得這個要求實在太不尊重人，擺明就是要你加班！於是，「一秒讓你情緒起伏」的戲碼再次上演。

面對這些情況，其實都應該啟動思考馬達，想想啟動思考馬達的好處——做出最有品質的決定。上述情況在啟動思考馬達後，其實都能得出合理的結論，但如果情緒被挑起了，無疑是直接停止了思考馬達的運轉，騎象人根本還沒機會啟動，大象就已經暴衝。我們可能直接和翻白眼的路人大聲理論，也可能使用不當措辭回信給客戶，「善意」提醒對方若是重要的工作，下次請早點告知，諸如此類。這些行為會讓我們事後感到後悔，對於生活和工作不僅沒有太大幫助，反而增加不少麻煩。

讓大象暴衝的關鍵，就是那容易被挑動的情緒。再強調一次：人不可能沒有情緒，因此如何快速安撫情緒就很重要。情緒安撫了，隔音牆就降了下來，大象便能聽到騎象人在牠耳邊說的話，思考馬達才有機會啟動。

但是，該如何安撫情緒呢？許多媒體曾經多次介紹「五感情緒安撫法」，就是透過視覺、聽覺、嗅覺、味覺、觸覺的協助，讓我們被挑起的情緒能夠有效被安撫。還記得前面提到大象屬於感覺派，所以用五感安撫情緒，等於直接安撫了大象，讓牠穩定下來。那麼，生活和工作中要如何運用「五感情緒安撫法」呢？以下分別透過真實案例說明。

一、聽覺情緒安撫法

我的第二本書《表達吸睛》出版時，有許多單位邀請我進行新書分享。在某次的場合中，有位觀眾不管我說什麼，總是不斷插話，不舉手就直接大聲地發表自己的看法，嚴重影響其他觀眾的權益，我分享的節奏也跟著被破壞。

我經歷了一次「一秒讓你情緒起伏」的情況，當下我腦中的大象準備要暴衝，很想請該名觀眾離開現場，但我知道這會讓場面變得很尷尬，主辦單位也會很為難，畢竟來參加的觀眾都是該單位的會員。對一位講師來說，這種情況其實不算少見，總會遇到不顧現場情況的觀眾，身為講者，就必須顧及其他的在場觀聽眾。

面對逐漸失控的情況，如果講者的情緒也跟著失控，那真的會是一團糟。所以為了應付這種情況，我也做足準備，讓自己的情緒能夠快速平復下來。

我準備了一首歌——雷鬼歌手Matzka的〈回到原點〉，那是我獨自到花蓮旅行時聽的歌，每次聽到這首歌，就會想起花蓮的藍天、白雲和一望無際的大海，瞬間讓我的心情平復下來。我後來把這首歌存在電腦裡，演講時若遇到預期外的狀況，而且意識到自己的情緒快要暴走時，我就會放這首歌，請現場所有人用一首歌的時間整理剛才聽到的重點；或者請現場聽眾兩兩一組，用一首歌的時間討論「可以如何將剛才聽到的內容運用在工作中」。我則在這段期間讓自己的情緒冷靜，情緒穩定了，思考馬達就能啟動。

再回到新書分享會現場，看看啟動思考馬達後會引導我們做出什麼樣的結論。我認為這是一個「難以抉擇」的情境，因為到底是要請該位聽眾離開，以保障其他聽眾的權益，還是讓他繼續留在現場，別讓主辦單位為難？面對這種情境，就要讓自己有「二選一」的選項。我想到的選項一是，如果這位觀眾仍不斷插話，我就請他離開，但分享結束後，我可以專門聽他說，這樣才不會影響其他觀眾的權益；選項二則是我給他一疊便利貼，有任何想法都先寫在便利貼上，等我分享告一段落，留下時間給他向所有人分享寫在便利貼上的想法。

剩下三十秒鐘音樂結束，我走到該名觀眾身邊說了我的考量，並提出二選一的選項。他聽完後決定先離開現場，等我分享結束再好好聊一聊。於是，新書分享會又順利進行。

透過歌曲讓我的情緒平靜下來，這就是「五感情緒安撫法」中的「聽覺情緒安撫法」。

二、視覺情緒安撫法

小呂是一位國中老師，面對正值叛逆期的學生，他常常經歷「一秒讓你情緒起伏」的情況。

他好不容易在星期五忙完了一週的工作，正打算看部好電影讓自己放鬆一下，連爆米花和飲料都準備好了，忽然接到一通家長的電話，劈頭就罵：「我的孩子只是用字遣詞不太一樣，為什麼你要在他的考卷上扣分，這樣害他沒有拿到一百分……」家長整整罵了十分鐘，弔詭的是，那份被家長質疑改錯的考卷，小呂其實還沒有發還給同學，他原本打算星期一上課時才要和學生好好討論，然後根據討論結果再做最後成績的評定。也就是說，學生偷翻了老師的物品，看到了考卷上的分數，然後回去跟家長抱怨。

小呂感到相當生氣，被家長誤解的憤怒和被學生背叛的難過，腦內的大象已經準備要暴衝。但僅存的一絲理智告訴他，如果這時候暴衝，接下來親師關係的修復會是一條漫漫長路。就在這時，他看到掛在牆上的一張照片，那是他人生第一次去偏鄉帶學生營隊，最後一天要離開時和學生的合照，那次的經驗讓他堅定了當老師的志向，知道老師的角色有多重要，就像個教練，引導學生走向正確的方向，而這需要無盡的愛心和耐心。

家長還在電話那頭罵著，小呂看著這張照片，想起了為什麼走向老師這條路的初衷。於是情緒漸漸平復，思考馬達也就順利啟動。這是一個「突遭意外」的情境，首先要透過提問讓自己平靜下來。小呂不僅已經心情平靜，還引導家長先緩口氣，保證週一上課一定會針對考卷和同學討論，然後在家長群組分享結果，並親自打電話向該名家長說明。後來，學生也明白為什麼自己會被扣分，更明白不經同意翻閱他人物品是不對的行為，家長也對自己的行為感到非常抱歉。

小呂認為整件事的轉捩點，就在情緒快暴衝時看到牆上那張照片，讓他的情緒因此得到安撫，而且是在非常快速的時間，這就是「五感情緒安撫法」中的「視覺情緒安撫法」。

三、嗅覺與觸覺情緒安撫法

小玲懷胎十月生了一個可愛的小女嬰，育嬰假期間整天都和女兒相處在一起。後來回歸職場上班，她從每天陪女兒突然轉變為步調快速的職場，感到有點力不從心，時常覺得呼吸困難，而且愈是逼自己專注於工作，情緒就愈是煩躁。一段時日後，小玲覺得好無力，甚至萌生了想要辭職的念頭。

仔細一想就會發現，其實小玲正面臨「資訊超載」這個特定情境，從原本生活中專注照顧好女兒，轉換成每天要處理大量訊息的職場環境，資訊量忽然暴增讓她處理不及。面對資訊超載的情況，關鍵就是透過自我提問，例如「每天上班一定要處理的三件事是什麼」，但啟動思考馬達是理性的騎象人會做的事，而小玲現在被無力感重重包圍，也就是大象快要暴衝了，即將做出不合理的決定。小玲很需要這份薪水，尤其女兒剛出生，經濟負擔更顯沉重，但無力感讓她想要辭職。騎象人不管如何用盡全力地大聲喊叫，因為無力感而升起的隔音牆，讓大象就是聽不見騎象人的聲音。

就在這時，小玲學習了「五感情緒安撫法」，她抱著姑且一試的心情，上班時帶著女兒的衣服，上面的嬰兒味是她在育嬰假期間很習慣的味道，而摸著女兒的衣服，就好像女兒在自己身邊一樣。這股味道和衣服的觸感能讓小玲想起女兒，想起自己要為女兒更加努力，鬥志油然而生，無力感逐漸消散。大象於是穩定下來，隔音牆也消失了，騎象人終於可以把啟動思考馬達後得出的結論和大象分享，小玲順利度過這段步調轉換的陣痛期。

四、味覺情緒安撫法

在我國中時期，《賭神》系列電影非常紅，周潤發擔任賭神的角色，每次在牌桌上，對手嘗試用各種方法讓賭神思緒混亂、情緒起伏時，他就會吃一顆巧克力，紊亂的情緒就被安撫了。冷靜後的賭神啟動了思考馬達，每每都能在牌桌上獲得最後的勝利。巧克力之於賭神的意義，在電影中沒有太多著墨，但我相信在賭神過往的生活經驗中，巧克力一定占了重要分量。

我是屏東六堆客家人，依照傳統，過年時餐桌上都會有「香煎豬肝」這道菜餚，這也成了我過年的記憶。出社會後，有好幾年因為工作而無法回家鄉過年，當我特別想家時，就會去豬肉攤買豬肝，自己製作這道香煎豬肝，吃上一口一解鄉愁，落寞的情緒也會稍微淡去，讓自己有動力繼續在異鄉打拚，而這就是「五感情緒安撫法」中的「味覺安撫法」。

關於五感情緒安撫法，有三點提醒：

第一，別人適合的物品不見得適合你，重點是物品代表的意義。

為什麼嬰兒的衣服能快速安撫小玲的情緒？那是因為小玲一聞到嬰兒衣服上的味道，就想起和女兒在一起的美好回憶，能讓她的情緒快速穩定下來。小呂老師掛在牆上的照片，讓他想起自己當初投身教育想要擔任老師的初衷，就是這份初衷讓他翻騰的情緒能夠冷靜。但同樣一張照片，對我來說就不會有平復情緒的效果，因為這張照片對我並無意義。

所以，認真思考物品背後的意義，讓你想到時能夠有效安撫情緒，這才是關鍵。我會選擇Matzka的歌曲當做安撫情緒的物品，主要也是因為當時在花蓮自助旅行聽的就是這首歌，所以對我的意義是讓我想起花蓮那一望無際的海、開闊壯麗的山、悠遊自在的藍天白雲。一聽到這首歌，我整個心情就會變得開闊，自然而然情緒就容易平復了。你如果和我選了同一首歌，可能就不會有這種效果，因為它不會讓你想起花蓮的自然美景，也就是說，這首歌對你並沒有特別的意義。

第二，物品要能隨手取得，因為情緒隨時可能波濤洶湧。

有位朋友在了解五感情緒安撫法後，設定「嗅覺情緒安撫法」為主要的方式，物品是呼吸室外新鮮空氣。但一段時間後，他發現效果很差，原因是每次開會遇到爭吵使得情緒劇烈起伏時，他根本沒辦法到室外呼吸新鮮空氣，最後只能任由情緒擺布，無法做出高品質的決定。

這個案例告訴我們，選擇物品一定要隨手可得，如此五感情緒安撫法才能真正發揮效果。

第三，五感全部嘗試過後，選取敏銳度最高的感官。

每個人對五感的敏銳度不同，有人對視覺特別有感，有人則是聽覺。以我為例，我去餐廳用餐時，總會第一時間注意正在播放的歌曲，對於曲風是否適合用餐環境有很敏銳的覺察，甚至會去和餐廳經理討論播放歌單的安排，常常把經理嚇了一跳。由此可見，我是個對聽覺較敏銳的人，因此，我會選擇「聽覺情緒安撫法」作為安撫情緒的主要方式。

我的建議是，可以先依照五感情緒安撫法找到對應的物品，並在嘗試之後選取最敏銳感官的情緒安撫法，最後要確保物品方便隨手取得，才能在情緒起伏的關鍵時刻發揮作用。我以自己為例，整理五感情緒安撫法如下表。

五感	有感素材	隨時能取用
視覺	物品：和老婆、兒子去小人國遊樂園玩的合照 意義：這是兒子五歲時第一次去遊樂園玩的照片，那天玩得非常快樂，每次看到這張照片，就會想起美好的回憶。	設定為手機和電腦螢幕保護程式，隨時能看見。

聽覺	物品：雷鬼歌手Matzka的歌曲〈回到原點〉 意義：去花蓮自助旅行時，這是我一邊看著一望無際的太平洋、壯闊的高山和清朗的藍天白雲，一邊聽的一首歌，只要聽到這首歌，就會讓我想起花蓮的美景，平靜下來。	將歌曲設定為KKBOX中我的最愛歌曲，隨時能聽。
觸覺	物品：佛教經書《八大人覺經講述》 意義：這部經書談的是靜心的方法，其中「少欲知足」是核心精神。當我心情煩躁時，摸著這部書的封面，就會想起其中的宗旨，能有效平靜心情。	購買多本相同書籍，置放在辦公桌、書桌和床頭櫃。
嗅覺	物品：綠油精 意義：自大學起，我每天都會到圖書館複習功課，每當覺得疲累，就會在人中抹上綠油精，這個氣味代表著努力學習、不斷進步的精神。當我想放棄時，聞到綠油精的味道，總能讓我持續前進。	購買多罐綠油精，放在隨身背包、車上、書桌、辦公桌。

味覺
物品：三合一即溶咖啡 意義：剛出社會前五年是我最窮苦的日子，那時沒錢，每天就是一杯三合一即溶咖啡加一個十五元三明治當早餐。每次遇到想更上層樓而不可得時，我就會喝一杯三合一即溶咖啡，提醒自己不要急，最苦的日子都經歷過了，一定會找到機會往上爬。
購買大包的三合一即溶咖啡粉，分裝成許多小包，放在家裡和工作室。

思考關鍵重點

- 人不可能沒有情緒，善用「五感情緒安撫法」，能有效安撫情緒。
- 運用五感情緒安撫法時，關鍵是選取物品和自己的意義、能夠隨手取得和選取最敏銳感官為主要安撫管道。

4-3 如何不引發他人情緒起伏

我家有一隻養了十三年的貓咪「貝克漢」，某一天忽然吃不下飯，送去獸醫院後情況急轉直下，動了幾次手術依然宣告不治。我太太和貝克漢的感情最好，在牠離開後的日子幾乎食不下嚥，常常動不動就淚流滿面。

有一天，太太說她想要再養一隻貓，我當下並不認同這個想法，我們才因為貝克漢而心力憔悴，如果馬上又養另一隻，又得為這隻貓開始手忙腳亂，我覺得應該過幾年後再說。但我太太的態度非常堅決，於是我們有了以下對話，而這次的對話以慘烈收場。

太太：「我決定要再養一隻貓。」

我：「是不是太快了點？貝克漢才剛離開，我們應該休息一陣子。」

太太：「但是我很想念貝克漢，如果不馬上養一隻貓來轉移注意力，我怕我會受不了。」

我：「怎麼會因為這樣就受不了？你應該讓自己冷靜一下，這樣太誇張了，如果新的貓咪又有個三長兩短，你不就更崩潰了？」

太太：「你根本不懂我的痛，才會說風涼話。總之，我就是要再養一隻貓。」

接下來的對話進入到無意義的各說各話，最後以冷戰多天結尾。為什麼會變成這樣？主要原因就是對話到一半時，我太太的情緒就上來了，而情緒阻礙了她啟動大腦的思考馬達，最後任由腦內的大象暴衝，讓對話進入無法控制的狀態。

這個事件讓我開始思考一個問題，即怎麼做能在對話時不讓對方的情緒起伏？我整理了許多資訊，終於在《哈佛法學院的情緒談判課》（*Beyond Reason*）這本書中找到非常實用的方法。書中提到，對話時若沒有給予對方五種面向足夠的尊重，包括「賞識」、「親和感」、「自主權」、「地位」和「角色」，對方的情緒就會被挑起，接下來便很難進行有品質的對話，甚至無法產出有品質的決定。相反地，對話時若能在五種面向上給予對方足夠的尊重，那麼對方的情緒就會維持穩定，也就能夠進行有品質的對話。而我和太太針對養一隻新貓的對話中，就是踩到了不夠「賞識」她的想法這個地雷，忽然之間情緒就被挑起了。如果以賞識的角度再來一次對話，可以是這樣：

太太：「我決定要再養一隻貓。」

我：「是不是太快了點？貝克漢才剛離開，我們休息一陣子。」

太太：「但是我很想念貝克漢，如果不馬上養一隻貓來轉移注意力，我怕我會受不了。」

我：「嗯嗯，我有感受到你很想念貝克漢，買一隻新貓轉移注意力，也的確是個方法。」

太太：「所以，你也覺得可以再買一隻貓嗎？」

我：「可是我還沒準備好，我還在緬懷貝克漢，還沒準備好能夠迎接新貓來到我們家。」

太太：「那怎麼辦？我在家裡的每個角落都會想起貝克漢曾經存在的身影，就會不由自主地想哭……」

我：「我明白，我也會觸景傷情。還是我們最近週末多出去戶外走走，現在貝克漢上天堂了，我們不用一直擔心牠，週末來個兩天一夜的旅行如何？」

太太：「好呀！離開家去戶外走走，或許也是個方法。」

當太太說想買隻新貓轉移注意力時，我應該要「賞識」她的想法，但要注意，賞識對方的想法並不代表接受，卻能讓對方繼續進行有品質的對話，也能透過提問啟動對方的思考馬達，一起做出有品質的決定。倘若貶抑對方的想法（即賞識的相反），對方的情緒一旦被挑起，腦內的大象便開始暴衝，對話也就停止了。

有關與他人對話時應該給予尊重的五個面向細節，請參下頁表格，以下並個別舉例說明。

五大面向	重視	不重視
賞識	你的想法、感受和行動得到他人認可。	你的想法、感受和行動受到貶抑。
親和感	自己人。他人把你視為工作夥伴。	邊緣人。他人把你視為敵手，和你保持距離。
自主權	他人尊重你決定重大事項的自主權。	你做決定的自由受到侵犯。
地位	你應得的地位獲得充分認可。	你的相對地位遠低於他人。
角色	以自己感到滿足的方式，定義自己的角色與任務。	目前的角色與任務，無法為你帶來滿足感。

一、賞識

春秋戰國時代，楚莊王即位後，三年不上朝，日夜享受歌舞，還下令「有敢來進諫者，殺無赦」，百官們敢怒不敢言，百姓生活更是苦不堪言。一位名叫伍舉的大臣鼓起勇氣請求覲見楚莊王，大家都為他的性命擔憂，但伍舉一見到楚莊王就說：「我不是來進諫，是來給大王猜個謎語。」楚莊王一聽有謎語可猜，頓時起了興致。伍舉接著說：「請大王猜猜，有隻鳥停在土丘上面，三年不飛也不鳴，那是什麼鳥？」楚莊王微微沉吟，馬上明白了伍舉的意思，但是他沒有生氣，還微笑對伍舉說：「孤知道了，你下去吧！」慢慢地，楚莊王開始振作，最終成為一代霸主。

為什麼伍舉沒有惹怒楚莊王？因為他並未貶抑楚莊王的行動，如果伍舉一上來就罵：「你這個昏君，國家都要被你毀了，整天只知道玩樂，你這樣對得起死去的列祖列宗嗎？」我想他很快就會去見自己的列祖列宗了。

在與楚莊王的對話中，伍舉掌握了「賞識」的精髓，也就是不貶抑對方的想法、感受和行動，換個方式表達自己的想法。楚莊王的情緒不但未被挑起，腦內的騎象人還因為這個謎語順利啟動思考馬達，最後得出了最合理的結論。

這個歷史故事還有後續。楚莊王的後代子孫楚平王即位，他為自己的兒子選了一位秦國公主當夫人，沒想到秦國公主太漂亮了，來到楚國後，楚平王起了色心，將她占為己有。這在現代會是上頭條的大新聞，更何況在嚴守禮教的古代！當時的大臣都很憤怒，此時，伍舉的兒子伍奢披頭散髮地入宮進諫說：「大王與兒子爭妻，這是顛倒倫常的行為，難道不愧對天地？我擔心國家因此遭受天譴，萬一發生不測之亂，君臣逃散，豈不是喪邦之難？」這簡直就是指著楚平王的鼻子罵，不要說是一國之君，就算是一般人被這樣指著鼻子罵也會受不了。

想當然耳，楚平王氣炸了，這也埋下後來伍奢及伍奢的大兒子遭殺的禍端。伍奢和楚平王對話時，就沒有像伍舉那樣注意到「賞識」的重要性，因此三兩句話就讓楚平王腦內的大象暴衝，因為覺得受到汙辱和貶抑，這下騎象人如何大喊，大象也聽不到，最後造成最不幸的結果。

伍舉和伍奢兩父子用他們和大王的對話教會我們，在對話中不要貶抑對方的想法、感受和行動，要換個方式表達自己的想法，如此才不會挑動對方的情緒，也才有機會啟動思考馬達，雙方共同得出最有品質的決定。

二、親和感

一個陽光明媚的早晨，小潔精神飽滿地來到辦公室，當她前往茶水間準備泡杯咖啡時，發現有五位同事正在茶水間邊喝咖啡邊聊天，可是一看到小潔進來便同時閉上嘴，暫停剛剛明顯聊得起勁的話題，紛紛回到自己的座位。眼前這一幕讓小潔一早的好心情都被破壞了，她忍不住想：「他們到底在說什麼？為什麼不願意讓我知道？難道是在說我的壞話？哼，好好上班不行嗎，幹嘛一定要搞小團體？最討厭背後搬弄是非的人。」

你發現了嗎？因為小潔撞見其他同事在講悄悄話，看到她還紛紛迴避，不開心的情緒瞬間在她心中升起。這時，如果剛才的其中一位同事來找她討論工作上的事，她可能不會有好臉色，甚至無法做出高品質的決定。這一切，都是因為小潔沒有感受到同事的「親和感」。

再舉個例子，小賴是位房屋仲介，每天周旋在買方和賣方之間，希望讓雙方都能滿意。每次有買家委託他幫忙注意物件，他第一時間會和買家成立一個群組，然後每天把相關資訊整理成一則簡明扼要的訊息傳給買家，讓買家第一時間掌握。往返之間，由於小賴秉持「資訊透明，資訊共享」的態度，讓他和買家建立起良好信賴關係，常常最後小賴給的購屋方案，買方都能啟動思考馬達，並得出最適當的結論。

親和感的建立來自於有意識的「資訊共享」，讓對方覺得和你是夥伴，就像小賴；相反地，當發現許多事情都是別人知道、自己卻總是最後一個知道，或甚至從頭到尾都被蒙在鼓裡，就會覺得自己遭到排擠，成為邊緣人，此時因為「親和感」低落，情緒很容易就被挑動，無法啟動思考馬達，做出高品質的決定，就像小潔。

三、自主權

我的好友小楊結婚三年，第一個寶寶終於誕生，整個家族都沉浸在新生命降臨的喜悅中。小楊夫妻倆早就為寶寶想好了名字，但沒想到小楊媽媽拿著寶寶的生辰八字去找算命老師，算命老師竟說小楊夫妻想的名字對寶寶不好，建議換名字，並給了小楊媽媽三個名字，表示都對寶寶不錯。

小楊的老婆一聽到婆婆未經過她的同意，就把寶寶的生辰八字拿去算命，還自作主張地說原本的名字不好，她整個人氣炸了，腦內的大象狂奔不止，完全不想見婆婆，當然也絕對不會考慮算命老師提供的三個名字。

小楊的老婆為何會如此生氣？因為她覺得自己的「自主權」受到侵犯，如果婆婆在找算命老師之前先和小楊夫妻討論過，同時也保證算命老師的意見只是作為參考，那麼小楊老婆的自主權還是有得到尊重，或許情緒就不會這麼激烈。

最後，寶寶的名字並未採用小楊夫妻原本設想好的名字，但也不是算命老師建議的名字，而是另外再找的名字。而婆媳之間的關係直到我寫本文時都還沒和好……

愈是重大事項，愈是要尊重相關人等做決定的權利，千萬不能擅自作主，這絕對會挑起對方激烈的情緒，最後無法做出有品質的決定。

四、地位

我曾在臉書上看到一位講師朋友發文，大意是應某單位邀約進行整天的課程培訓，沒想到中午休息時，主辦單位竟未幫講師準備午餐，於是這位講師朋友只好自己去超商買泡麵，最後還把泡麵圖放上臉書，小小抱怨一下。他在貼文中提到，四處演講、上課多年，第一次遇到主辦單位未幫要上整天課程的講師準備午餐的情況。

這位講師朋友會發文抱怨，主要就是因為「地位」沒有獲得認可和尊重。別的單位邀請他去上課都會提供午餐便當，該單位卻未提供，這種地位的相對剝奪感，讓他的情緒因此被挑起。我想下次該單位再進行邀約時，我的講師朋友答應前往的意願大概就會變低了。

我們在工作、生活中與人相處時，一定要特別注意對方的地位，以及該地位應有的相處方式，否則就可能在無形中讓對方的情緒被挑起，無助於彼此達成共識。

五、角色

現代人會提出離職，一大主因就是工作缺乏成就感，我的第一份工作會離職也是這個原因。

我的第一份工作做了三年，本來的工作任務讓我非常有成就感，可以主導設計非常多的企畫。但是因為公司的人事和各種政治因素，我被轉調部門，而該部門主管不希望我接觸太多機密資料，便把我安排在一間獨立的辦公室，我每天的工作就是整理各大報，然後把茶泡好，接著自己看完各大報，把茶喝完，一天就過完了，準備下班。三個月下來，我只見過主管一次，那次還是主管問我週末是否要一起去爬山。我的角色功能等於是被架空的狀態，一段時間後，一種深深的無力感襲來，我也就遞交了離職信。

其實這家公司給我的待遇很不錯，如果我能撐過那段時間，等待新一波的人事調令，說不定還有發揮的空間。但因為當下的角色無法為我帶來滿足感，挑起了我的「無力感」，因此做出離職的決定。

因此與人相處時，要留意對方的角色是否能得到足夠的滿足感，如果對方無法從角色中得到足夠的滿足感，那麼思考馬達很有可能就無法啟動，妨礙做出最有品質決定的機會。

倘若我們能充分掌握並重視「賞識」、「親和感」、「自主權」、「地位」和「角色」這五個面向，在與人互動或對話時不刻意挑動對方的情緒，如此一來，雙方就能夠啟動思考馬達，並做出最高品質的決定。

思考關鍵重點

- 重視五大面向，與人互動時，能讓對方情緒平穩。
- 不重視五大面向，與人互動時，會讓對方情緒起伏。
- 對方情緒起伏時，思考馬達便無法啟動，互動品質就會下降。

第5章

給一個「時間」

暢銷書《師父》（*The Knack*）合著作者諾姆．布羅斯基（Norm Brodsky）說過：「如果你覺得你好像必須馬上做決定，就別做決定。當你倉促做決策時，不會用應有的方式仔細思考，而這個決策做了之後，很有可能回過頭來讓你惹上麻煩。」

我們都需要時間，只要我們願意，也一定能擁有時間。不要倉促做決定，給自己足夠的時間啟動思考馬達，這是做出有品質決定的重要先決條件之一。

5-1

沒有時間才會停止思考馬達

亞馬遜（Amazon）創辦人傑夫・貝佐斯（Jeff Bezos）和微軟（Microsoft）創辦人比爾・蓋茲（Bill Gates）都曾經公開表示過自己很喜歡洗碗，而有許多研究顯示，當一個人做著像是洗碗這類日常的基本工作時，大腦才能夠真正得到放鬆，產生「靈感」。

我們也都聽過，許多善於思考、總能產出好點子的人，往往在一個人散步或洗澡時忽然就迸出了好點子。例如古希臘科學家阿基米德就是在洗澡時，想到了如何在沒有大型磅秤的情況下準確量出大象體重的方法；愛因斯坦在思考遇到瓶頸時會讓自己小憩一下，手上拿著一個木勺，下方放個金屬盤，當快要熟睡時，木勺會因為從手中鬆脫而掉到金屬盤上，發出的巨大聲響讓他瞬間驚醒，原本的思考瓶頸可能因此迸出了一些解決的靈感。

《為什麼我很努力，卻沒被看見？》一書提到，懂得刻意製造孤獨情境的人，更能幫助自己提出創新思路或一眼就看出問題的核心關鍵。

但是，在一個人獨處和迸發靈感之間還少了一個環節，那就是得在獨處時刻意啟動思考馬達。一如上述的貝佐斯、比爾．蓋茲、阿基米德和愛因斯坦，他們都會在這樣的時刻問自己一些問題。還記得提問是什麼嗎？提問是啟動思考馬達的起手式！流程如左圖。

從圖中可以明白，啟動思考馬達的起手式是提問，而讓我們有機會對自己提問的

關鍵，就是一個人獨處的時間。

我的工作是講師，每天有許多時間花在通勤上。前陣子開始流行Podcast，通勤時總是迫不及待收聽。但聽了一段時間後，發現自己產生新想法和課程靈感的數量下降許多，我意識到是因為太著迷於收聽Podcast，只要是一個人的時間都不會放過，結果幾乎沒有對自己提問的時間，自然也就沒有啟動思考馬達的機會。於是我開始刻意減少收聽的時間，而當我和自己獨處的時間增加了，並且刻意啟動思考馬達，我對於課程的新想法和點子又再次源源不絕地跑出來。

我們現在已經明白啟動思考馬達有兩大好處，一是對重要資訊印象更深刻，二是能夠做出更高品質的決定。但是要啟動思考馬達，就需要留給自己獨處的時間，同時注意這段時間不要被其他外來的資訊刺激霸占了大腦的注意力，而要趁著這段獨處時間對自己進行提問，因為提問是啟動思考馬達的起手式呀！

思考關鍵重點

- 當一個人獨處時，更能迸發出靈感，或者想出某個問題的解決方法。
- 我們得在一個人獨處時刻意啟動思考馬達。
- 有了獨處時間後，要注意這段時間不要被外來資訊霸占了大腦的注意力。

5-2 在生活中找出時間啟動思考馬達

我家住在離台中科學博物館不算遠的地方，兒子讀幼稚園中班後，假日我們常會前往科博館的草地野餐、參觀展覽等，全家人在科博館度過許多美好的週末時光。

有一天晚餐時間，我們又聊到週末要再去科博館走走，我一時興起問兒子：「我們常去科博館玩，你對那裡印象最深刻的事情是什麼？」兒子想了一下說：「不知道耶，都隔那麼久了，我都忘記了，我只是覺得在家很無聊，去科博館很好玩！」這個回答讓我嚇一大跳，我們去過科博館那麼多次，也看過許多有趣的展覽，但兒子竟然印象模糊！

我開始省思，為什麼會這樣呢？其實答案很簡單，每次科博館行程結束後，我都忘記引導兒子啟動思考馬達。再複習一次啟動思考馬達的兩大好處：對重要資訊印象更深刻，以及做出更有品質的決定。我希望兒子能對科博館富有教育意義的展覽印象深刻，所以我下次在行程結束時，要啟動他的思考馬達，才不會讓重要資訊只能成為模糊的回憶。

問題來了，我明明是一個明白思考馬達很重要的人，為什麼忽略了這點？難道啟動思考馬達這麼困難？

其實，關鍵在於要為啟動思考馬達刻意安排一段時間才行。思考是需要時間的，可能是洗碗的時間、洗澡的時間或洗車的時間，在這段時間，要提醒自己必須對自己提問（或者對兒子提問），然後啟動思考馬達。問題是，時間過得很快，一不小心就過去了，等到回過神來，就只剩下模糊的回憶。因此，面對時間真的要很小心，必須刻意運用才行。

在一天的時間裡，其實有些時間是很適合運用來啟動思考馬達，每天只要在這些時間裡有意識地提醒自己，不要只是發呆或滑手機，長久下來就會讓自己充滿回憶或不斷進步。

那麼一天之中，能夠用來好好啟動思考馬達的時間有哪些呢？

一、早晨

早晨，在家人還沒睡醒、也不會有客戶傳訊息的時候，為自己泡上一杯咖啡，靜靜的沒人會打擾，這時間點就非常適合啟動思考馬達。我們可以問自己：「昨天有哪三件事做得不夠好，今天要進行調整？」或者：「昨天有哪三件事做得很好，今天要繼續保持？」又或者：「今天一定要在中午前完成的五項工作分別是什麼？」透過提問啟動思考馬達，當別人還在睡覺時，你已經整理好一整天要前進的方向。

有個詞叫做「辦公室無風帶」，指的是比其他同事提早一小時左右進公司，在辦公室還沒有任何人、也不會有任何電話打擾的時候，趁著這段時間，也可以啟動思考馬達，我們可以問自己：「最近主管交代的事情，我有沒有需要特別注意的部分？」或者：「昨天客戶交代的事項，我今天應該怎麼處理？」又或者：「最近在進行的專案，有沒有哪個部分特別需要找同事討論？」透過提問啟動思考馬達，當同事都還沒進辦公室時，你已經為一整天的工作訂好方針。

不管是在家裡或辦公室，透過無人打擾的早晨時間啟動思考馬達，一整天就不會處於被動，而是主動整理好一整天要做的事。如果長久下來都是處於主動調整的狀態，那麼好表現一定會降臨在自己身上。

二、通勤

上班族每天花在通勤的時間其實不少，不管是開車或搭乘大眾交通運輸工具。通勤時，我們習慣滑手機或聽音樂、廣播、Podcast，當然也是吸收新資訊的好方法，但其實可以試試在這個獨處時光中啟動思考馬達。

我平常開車前往各地上課時，都會習慣收聽Podcast。有一次因為有許多需要思考的事情，我一邊開車依然一邊聽著Podcast，結果到了目的地後，需要思考的事情還是沒有想出一個結論。我發現這樣不行，於是上完課後在回程的路上，我刻意關掉Podcast，在安靜的車內開始透過提問啟動思考馬達，沒想到效果非常好，還不到一半的車程，就已經思考出接下來應該如何行動的頭緒。

回想起來，過去的通勤時間我都花在接受外來資訊上，讓大腦沒有時間可以啟動思考，這是非常可惜的事。遇到生活中的困境或疑難雜症就需要啟動思考，才能理出頭緒，這時就需要有一段和自己獨處的時間，而通勤時間通常不會太短，又可以和自己獨處，非常值得善加利用。

三、午餐

辦公室的午餐時間，大多數人都會邊吃便當邊配電腦或手機中的影片，不僅消化不好，大腦也沒有得到充足的休息時間，更無法享受餐點的美味，關鍵是，還會花費比預期更長的時間，無形中也壓縮了午休時間。

因此每到午餐時間，我都刻意要求自己不要吃食物配影片，而是專心享用餐點，這樣既可以節省許多用餐時間，又能真正享受到美食。然後趁著吃完午餐且還沒開始下午的工作時，就有一段自己的獨處時間，這就是啟動思考馬達的最佳時機。如果你常常找不到獨處的時間，午餐時間會是非常棒的選擇。

四、洗澡

暢銷書《師父》是一本寫給創業者的實用好書，作者諾姆・布羅斯基提到：「如果出現一個突如其來的機會，或有一個大問題待處理，或如果我們必須改變作業方式，我總是在做決策之前，先洗個澡……我需要的是一個可用的機制讓自己慢下來，而洗澡法則可以達到這個目的。這是一種說服自己的方法，讓我接受等待的概念。這個法則強迫我給自己時間……」

洗澡，是一個不被他人、3C產品打擾的時間，有時發呆一下，讓大腦放空是一種享受。但是當有重大問題需要思考時，運用洗澡時間啟動思考馬達，更是個不錯的選擇。

五、睡前時光

你睡覺前通常都在做什麼事情呢？這個問題問十個人會有九個人這麼回答：「就是滑滑手機，然後滑到睡著。」有些手機成癮嚴重一點的還說：「我常常滑手機都沒注意到自己睡著了，等到驚醒過來，房間燈沒關，手機影片也還在播放，但是天都快亮了。」

睡前滑手機讓忙碌的一天放鬆一下，這當然也是一種善待自己的選項，然而一天結束在無意識的滑手機過程直到睡著，似乎又有點可惜，也虐待自己的雙眼。不妨試試在睡前讓自己獨處，啟動思考馬達，對於白天還未有定論的事情進行思考，得出結論後內心會比較安定，明天的工作也就有明確的方向。

綜合以上一天中適合啟動思考馬達的五個時間，可以發現這些時間都有一個共同點，那就是都有自己獨處的機會。啟動思考馬達是需要和自己對話，不受外物干擾，幾乎沒人可以一邊滑手機追劇、一邊啟動思考馬達。所以要刻意提醒自己，每天從這五個時間中特別留下一個時間，讓自己啟動思考馬達。

我有個朋友是超級業務員，他的業績連續多年都是團隊第一名。有一次他分享了他的方法：「我每次洗澡時，都會去思考今天和哪個潛在客戶互動，如果最後沒有成交，我會想清楚沒有成交的原因是什麼，並讓自己下次改進，不要再犯一樣的錯誤。

相反地，如果和客戶談生意很成功，我也會在洗澡時問自己今天做對了什麼，下次要繼續保持。我很看重每天的洗澡時間，因為每次洗完澡，我感覺自己又更進步了。我的有些朋友會在洗澡時聽音樂或廣播，但我絕對不會讓這些外在資訊干擾我洗澡，不然就沒辦法專心思考剛剛提到的問題。所以洗澡時，我是絕對不會把手機帶進浴室。」從這段話可以明白，這位超級業務朋友每天啟動思考馬達的時間，就是在洗澡的時候。

比爾．蓋茲和貝佐斯會刻意讓自己一個人洗碗，並在洗碗時啟動思考馬達；我的超級業務員朋友會刻意在洗澡時，保持不受外在資訊干擾的狀態，然後啟動思考馬達；我則是在每天早上清晨，趁著家人都還在睡覺，也不會有手機訊息干擾時啟動思考馬達。你會發現，身邊那些不斷讓自己持續進步的人，都是每天會刻意啟動思考馬達的人，你想好要在一天中的哪個時段讓自己保持不被打擾的狀態，啟動思考馬達嗎？持續這樣做，就會從中獲益良多，變成更進步的人。

思考關鍵重點

- 持續進步的人，都是會刻意啟動思考馬達的人。
- 每天有五個適合啟動思考馬達的時間，我們要刻意提醒自己，特別留下一個時間讓自己啟動思考馬達。

5-3 別讓大腦分心

大腦很容易會被外在事物占據注意力，就像我在寫這本書時，忽然看到手機的LINE訊息跳了出來，瞄了一眼是太太在問晚上是否要去大賣場買牛奶和添購生活用品。我立刻停止敲打鍵盤，拿起手機回覆太太訊息。正準備放下手機時，新聞App又跳出一個新聞，標題很聳動，是關於台灣中學生在學校遭霸凌，我禁不住好奇心點進去看文章，讀著不禁憂心，即將念小學的兒子會不會也遇到霸凌的情況？一想到此處，我又點開新聞頁面上的延伸閱讀文章，看完後覺得心情很沉重，於是又到YouTube想要聽聽能讓自己放鬆的音樂。找著找著，發現我最喜歡的YouTuber更新了影片，二話不說又點進去看……經過四十分鐘，我還是一個字都沒寫。

我驚覺到不能再看手機了，趕緊把手機丟到房間外面，才終於靜下心來寫出你目前看到的內容。這樣的情況並不是特例，每天都會發生，就像在圖書館裡，許多人的桌上明明放著一本書，但心思其實不在書上，而可能在看其他的書、滑手機或凝視窗外。大腦很容易會被外在事物占據注意力，尤其是大腦需要思考的時候，因為思考很耗費能量，所以能不思考就盡量不思考，一有外在資訊提供分心的機會，當然就會選擇分心了。

那麼，我們該如何避免大腦分心而浪費掉許多啟動思考馬達的時間呢？以下提供三個讓大腦不容易分心的方法。

一、電子阻絕

有個研究提到，倘若原本正專注做某件事，突後拿起手機滑一滑放鬆一下，這一滑平均要二十二分鐘才會再回到專心狀態。我仔細回想，我有時候滑手機看個影片、玩個遊戲、回個訊息還超過二十二分鐘呢。但是，我們一天有多少個二十二分鐘可以浪費呢？

所以，每次我需要專心、大腦需要啟動思考馬達時，就會使用「電子阻絕」這個方法，也就是阻絕我拿到3C電子產品的機會，手機、平板都離我遠遠的，最起碼要眼睛看不見、手拿不到才行。如果我需要用電腦工作，就會開飛航模式，這樣就不會有訊息在我需要專心時跳出來，引誘我分心。

因為大腦真的太不喜歡思考了，只要眼睛一瞄到其他訊息，立刻就想要分心。所以每當我需要非常專心工作或思考時，一定先啟動「電子阻絕」，以免白白浪費許多寶貴的時間。

二、時間框架

既然大腦非常討厭思考，很容易就想要偷懶、找機會分心，面對這種狀況，乾脆不要思考太久，一次擬定二十五分鐘，專心不被打擾地啟動思考馬達二十五分鐘後，可以休息五至十分鐘。二十五分鐘是番茄鐘工作法（Pomodoro Technique）的概念，創始發明人法蘭西斯科．西里洛（Francesco Cirillo）測試過許多時間版本，最後發現二十五分鐘是成人大腦專注的極限，超過這個時間，大腦的專注度就會顯著下降。科技政委唐鳳是公認的學習天才，他表示自己學習也是運用這個方法。因此，你可以和自己的大腦約定好一段專注的時間，讓大腦知道等一下就可以稍微休息，如此更容易啟動思考馬達。

要提醒的是，專注二十五分鐘之後的休息時間，可以看看風景、四處走動、和人聊天或閱讀雜誌，但最好不要拿起正執行電子阻絕的3C用品，因為一旦使用，很有可能又要耗費二十二分鐘以上的時間，才能繼續回到下一個二十五分鐘的專注狀態，這在時間運用上就有點划不來了。

三、減少阻力

什麼是減少阻力？以我自己為例，寫書很需要啟動思考馬達，非常消耗腦力，所以大腦總會千方百計拖延寫書的情況。又好比我許多朋友擁有非常豐富的專業知識，他們都希望能寫成書造福更多人，無奈一年又一年過去，書就是沒有寫出來，原因是寫書太累了，總被大腦以各種理由拖延過去。這種拖延就是一種「阻力」。

有鑑於此，我會貼心地幫大腦減少阻力，例如清晨趁著家人還在熟睡的安靜環境下進行寫作。我知道這種時候很容易被大腦說服繼續賴床，因為只要賴床就不用寫作，也就不用進行思考。為了避免這種狀況，我會在前一天睡覺前先把word檔打開，甚至寫好標題，也先寫好兩三行字，這樣隔天一早起床，坐到書桌前，馬上就可以進入寫作狀態，這就是減少阻力。

每天晚上睡前，我都會啟動思考馬達，盤點自己一天下來有哪些行為值得繼續保持，哪些行為必須加以調整。而為了徹底落實，我在上班前都會將一張空白紙張和一枝原子筆放在書桌上，這樣就算忙碌了一整天，晚上洗完澡準備睡覺前看到紙和筆，就能自然而然地進行自我反省，這也是一種減少阻力的做法。

總的來說，減少阻力就是將大腦要進行思考馬達前必須做的事提前做好，讓大腦覺得輕鬆些就更有機會啟動思考，而不會逃避。

透過「電子阻絕」、「時間框架」和「減少阻力」，讓大腦在每天適當的時間都能不被打擾地啟動思考馬達，日復一日，就能做出品質愈來愈好的決定，並且更容易讓自己從失敗中學習和進步。唯有心無旁騖的大腦，才能有效啟動思考馬達。

思考關鍵重點

- 思考很耗能量，所以大腦能不思考就盡量不思考。當我們要思考時，必須阻絕各種讓大腦分心的可能。
- 既然思考很辛苦，就不要思考太久，一次是二十五分鐘。
- 心無旁鶩的大腦，才能有效啟動思考馬達。

第6章

情緒＋時間的加乘效果

有句話說「滴水能穿石」，但究竟是水厲害，還是石頭厲害？仔細想想就能明白，這與石頭和水都沒關係，主要是日復一日地累積太厲害。

中亞地區有個名叫塔吉克族的古老民族，他們有句諺語說到：「草要經過牛的反覆消化，才能變成牛奶；書要經過人的反覆思考，才能變成知識。」這句諺語強調的就是思考在生活中的重要性。其實不只是書，包含工作中的每個專案、每場會議、每次的成功和失敗，如果願意靜下心來啟動思考馬達，都會變成我們的知識，幫助我們成長。

思考要落實在生活，就必須重視情緒和時間元素。有穩定的情緒及不被外在資訊干擾的時間，才能有效啟動思考馬達，讓各種經驗變成知識。

6-1

讓思考落實在每一天

回想我的學生時期，很晚才開竅，國中一年級和二年級常常上課發呆放空，回家作業能混就混，每學期三次的段考經常不及格。但是到了國中三年級換了一位新導師，她是我人生中重要的貴人之一，座右銘是：「人生沒有奇蹟，只有累積。」她時常在班會對全班同學說：「我不希望你們在段考前讀通宵都沒睡覺，我希望你們每天讀書三十分鐘，這樣才能領略到讀書的快樂和美好。」當時的我每天晚上只想看電視，根本無心讀書，導師為我安排的方法是：每天中午吃飽飯、同學們都在睡午覺時，到走廊站著寫作業或看書三十分鐘。就這樣每天中午的三十分鐘，讓我最後考上了國立高中，這是我絕對沒有想到的好結果。

學習最怕一曝十寒，最需要的是每天累積。思考也是如此，久久才啟動思考馬達一次，最後會忘了如何啟動思考馬達。給自己一個任務，每天在固定時間啟動思考馬達，讓思考變成一種習慣，一段時間的累積，我們一定能看見思考的成果。

每天什麼時間最適合啟動思考馬達呢？我們可以透過下頁表格來設定最適合自己的時間。

思考馬達在日常生活正常啟動表

時間＼情緒	視覺	聽覺	味覺	嗅覺	觸覺
早晨	1	6	11	16	21
通勤	2	7	12	17	22
午餐	3	8	13	18	23
洗澡	4	9	14	19	24
睡前	5	10	15	20	25

情緒波動的原因：
- 不被賞識
- 被團隊排擠
- 喪失選擇權利
- 被他人輕視
- 沒有成就感

時間不足的原因：
A.容易有外來資訊造成分心（電子阻絕）
B.對於不知道要思考多久感到無力（時間框架）
C.思考的前置作業過多，力不從心（減少阻力）

從表格中看到，搭配每天的五個時間和五種情緒平穩的方法可以有二十五個選項，如果你之前從未有啟動思考馬達的習慣，可以先選一個最適合自己的時間，而在啟動思考馬達前，運用自己最熟悉的情緒平復法，讓自己順利進入思考。

以我為例，我會選擇「6」。每天早晨趁家人還沒醒來的時間，是我最不會受到干擾的時候。起床後先聽一首富節奏感的歌，讓自己提神醒腦，接著啟動思考馬達，反芻昨天做得不好之處，避免重蹈覆轍；思考昨天猶豫不決的事情，做出最適合的決定；規畫今天要做的事，並想好各種可能的情況，避免因為突發狀況而應變不及。

接著我會選擇「13」。午餐後我會買一杯冰的黑咖啡以平復心情，同時藉著喝咖啡而同事在午休的時間啟動思考馬達，消化早上開會、討論、專案進度等大量的資訊，整理成接下來要執行的步驟；或者快速反芻早上應該做完但尚未完成的事項，以便下午執行；或者思考如何回應早上未回覆的客戶信件。

每天早晨和中午這段啟動思考馬達的時間，對我來說非常珍貴，因為有了這段時間，讓我不會再次犯下同樣的錯誤，又能讓自己不斷進步。只要短短的一個時間段並日復一日去做，就可以累積意想不到的好成果。

如果滴水能穿石，你會如何做呢？不妨從1到25選出一到兩個時間，穩定情緒後啟動思考馬達，日日如此，必有迴響。

思考關鍵重點

- 啟動思考馬達前，先運用情緒平復法，讓自己順利進入思考。
- 短短的一個時間段並日復一日去做，就可以累積出意想不到的好成果。
- 穩定情緒後啟動思考馬達，日日如此，必有迴響。

6-2

覺察情緒波動的原因

某日因為一則訊息，忽然就讓我腦內的大象暴衝，情緒劇烈波動。

事情是這樣的：有一堂課程的邀課窗口一開始花了非常多的時間和我討論細節，確認上課內容。好不容易敲定時間和上課方向，有一天當我正在書房埋首準備上課內容時，邀課窗口傳來一則訊息，告知「課程取消了」，就這簡短的五個字，沒有寫明取消的原因，也沒有為之前花那麼多時間討論而表達遺憾，然後再也沒有任何消息。

我當下情緒相當激動，甚至有股衝動想要回覆一則充滿豐富情感的訊息，但腦內又有一個微小的聲音（騎象人）不斷努力地想提醒我：情緒性用語不僅無法表達自己真正的想法，還會對雙方關係造成永久傷害，划不來！問題是，我這激動高昂的情緒該怎麼辦？

美國心理學家丹尼爾．席格（Daniel J. Siegel）提出「重述而平撫」這個理論，認為當人體驗到強烈的情緒時，大腦會暫時停止思考，任由情緒主宰下一步行動，因此做出的選擇往往不是最好的。這就是為什麼人類在情緒一擁而上時，往往會有不理性的行為。

這時透過找出情緒來源，明確說出自己當下的情緒，就是讓大腦重新啟動思考，促使我們暫時停下腳步來省視自己。不要小看「暫停」的動作，就像走迷宮，當你深陷其中時，暫停一下可以讓自己冷靜下來，不會因為莽撞而走往迷宮更深處。

從6-1的表格（參第一五三頁）可以發現，我的情緒之所以會劇烈波動主要來自第四點：「被他人輕視」，只有簡短的一句話，課程說取消就取消，自己似乎不被對方放在眼裡。而這尋找情緒波動根本原因的簡短暫停時間，讓我腦內的騎象人稍微得到了話語權。

我接著想到，其實我和邀課單位是因為這次邀課才有了第一次接觸，這可能是對方的說話習慣，或者退一萬步說，就算對方真的看輕我，但我們彼此根本不認識，他的輕視對我來說毫無價值，我完全可以不用在意他。

這麼一想，我的情緒就豁然開朗，腦內的大象整個就安靜了下來。接著，我播放了一首喜歡的音樂，運用聽覺情緒平復法讓自己的情緒更加穩定，思考馬達就有機會啟動。

我問自己：「該如何回應這個訊息最為周全？」搜尋了腦中對於未來是否想和對方繼續合作的意願，我意識到一件事，如果對方會這樣沒來由地取消課程，其實對我的時間成本損耗非常巨大，而這才是我最大的損失，如果下次還有合作機會，這會是很大的風險。因此我最合理的做法，應該是禮貌地表達我已收到訊息，同時將其列為拒絕往來戶，將來如果對方還有課程邀約，我不應該接受。

想通了這一層，我就明白自己應該如何回覆訊息，反正後續也不會有合作機會，也就不用和對方說得太明白，沒必要在職場上多一個敵人。因此，我這樣回覆：「好的，我知道了，謝謝你的通知。」一切告一段落。

回想這件事情，情緒從劇烈波動到穩定下來，一切的轉折就在於「先暫停」，問問自己的情緒從何而來，然後透過短暫的自我對話，讓理性稍微恢復，腦中的大象不再那麼暴衝，騎象人終於有機會說上話。思考馬達因此有機會啟動，接下來就可以一步一步做出最適合的決定。

在6-1的表格中造成情緒波動的五種原因，正是可以讓自己在劇烈波動時先暫停一下。生活或工作中突發事件出現時，透過尋找情緒來源，使大腦稍微冷靜下來，便有機會恢復理性思考。緊接著運用五感情緒安撫法，這時就創造了啟動思考馬達的時機，不僅不會在情緒劇烈波動時做出容易後悔的決定，更能在情緒穩定後做出高品質的決定。

另外，如果每天固定啟動思考馬達的時間到了，而你正好處在情緒劇烈波動中，此時你要釐清情緒來源，讓自己的大腦有機會冷靜下來，然後再運用五感安撫法，如此一來，就不會白白浪費了寶貴的思考馬達時間。

思考關鍵重點

- 透過找出情緒來源，明確說出當下的情緒，就能讓大腦重新啟動思考。
- 思考馬達一啟動，就可以一步一步做出最適合的決定。
- 生活或工作中發生突發事件時，讓自己不僅不會在情緒劇烈波動時做出容易後悔的決定，更能在情緒穩定後啟動思考馬達，做出高品質的決定。

6-3 時間沒有不見，只是被浪費掉

一天只有二十四小時，有些人可以善用時間，活出精彩；有些人卻覺得日子一天天過去，自己沒有什麼進步。兩者的差別在於當你需要專注時，是否真的能夠心無旁鶩地專注，這就是善用時間！可惜，我們的大腦太容易因為外在資訊而分心，導致時間就在分心時不斷流逝，這就是無法進步的原因。

透過6-1的表格列出時間不足的三個原因（參第一五四頁），我們可以在每一次要啟動思考馬達之前，逐一檢視自己是否已經電子阻絕、是否設定時間框架和是否提前減少阻力，如此一來，便能在預計要啟動思考馬達的時間，真正達到心無旁鶩的專注思考。

兒子今（二〇二三）年五歲，我開始引導他每天在固定時間要啟動思考馬達，雖然他的年紀還小，大腦無法專注太長時間，很容易就會當機，但思考五、六分鐘還是沒問題的。

舉例來說，他因為迷上象棋，每天吃完晚餐就纏著我要玩，每天玩三盤，然後去洗澡。在玩完象棋和去洗澡之間，我會透過提問引導他啟動思考馬達，我會問：「剛剛那盤棋你贏的關鍵在哪裡？」或者：「剛剛那盤棋你可以怎麼調整，下次就有機會贏呢？」透過提問，我們一邊在棋盤上擺弄象棋，重現剛剛關鍵時刻的情境，一邊思考下次如何可以更好。只要他專心思考，總是能在每一盤棋中總結出心得，讓自己的棋藝愈來愈進步。

不過當他啟動思考馬達時，如果旁邊有一些文具，像是鉛筆、橡皮擦、貼紙等，他就會開始玩弄這些文具，導致大腦分心，最後根本無法有效啟動思考馬達，更沒辦法得出有用的心得和收穫，這是最可惜的地方。雖然下棋本身很開心，但如果能在每一次的下棋中不斷進步，對一個五歲孩子來說就更棒，因此一定要將會讓他分心的事物統統阻絕，否則大腦一分心，思考效果就很差了。

思考關鍵重點

- 當你需要專注時，是否真的能夠心無旁騖地專注，這就是善用時間。
- 我們的大腦太容易因為外在資訊而分心，在不會分心的環境啟動思考馬達尤其重要。

第三部

應用與延伸

讓思考馬達成為重要習慣

《論語》第一篇提到：「學而時習之，不亦說乎。」這句話是什麼意思？傅佩榮教授曾說：「學習到新的知識，並在適當的時候去實踐，不也覺得很高興嗎？」我還記得自己第一次啟動思考馬達的情景，雖是一件小事，效果卻讓我印象深刻。

有陣子我迷上養魚，買了一個小魚缸和五隻孔雀魚，雖然我對養魚知識一竅不通，卻很喜歡看著魚兒游來游去的自在感。有一天我下班回家，發現一隻魚已經跳出魚缸外面死掉了，儘管感到難過，但覺得這只是個意外，沒有想太多。隔天下班回家，竟然又有一隻魚跳出魚缸外面，這讓我既訝異又困惑。如果是以前，雖然感到困惑，但我可能不會想太多，就讓整件事這樣過去，可是我學會了思考馬達，於是有意識地問自己：「魚會跳出魚缸的原因是什麼？」

我上網搜尋資料，最後得出結論：原來孔雀魚中體型較小且顏色亮麗的是公魚，體型較大而顏色較樸實的是母魚，當公魚顏色很豔麗的時候就是求偶期，牠們會追著母魚跑，如果魚缸太小，母魚被追到沒地方跑，就會選擇跳出水面，很容易就跳出魚缸缺氧而死。當我得出結論後，立刻買了一個大魚缸，加上樹木和水草造景，讓母魚被追到受不了的時候有地方可躲。自從做了這樣的調整，就再也沒有孔雀魚跳出魚缸了。

雖然這算不上生活中的大事，但我運用思考馬達達到正向的改變後，的確感到非常喜悅，這是一種透過思考、簡單就能讓生活變得更好的情況。本書不斷地強調啟動思考馬達的四步驟，以及預防各種會停止啟動思考馬達的原因，接下來就一起「學而時習之」，將啟動思考馬達四步驟運用到常見的工作情境中，並引導身邊重要他人一同啟動思考馬達，讓我們也能時常不亦說乎。

第7章

在工作中啟動思考馬達

「每週工作彙報」、「向客戶介紹產品」及「和主管提升職加薪」是工作中既常見且關鍵的三種情境，表現得好，能讓自己的努力被看見；表現得不好，就會讓自己的努力受到委屈。因此特別需要啟動思考馬達，透過四步驟做出最適合的決定，讓自己端出最好的表現。

值得注意的是，我們不僅在事前需要啟動思考馬達，事後也是啟動思考馬達的好時機。事前啟動思考馬達可以在關鍵情境做出更高品質的決定，事後啟動思考馬達則可從經歷的事件中擷取重要資訊，讓自己更加印象深刻，進而內化成自己的養分。

7-1

展現努力的每週工作彙報

我的前一份工作在每週一早上九點會固定召開工作彙報，除部門主管一定出席，組員們須輪流報告已完成任務和預計完成任務的進度，以及需要的協助。A同事每次彙報重點清楚，讓主管對他的工作表現印象深刻，也能及時提供他工作上的協助。B同事剛好相反，每次彙報內容雜亂無章，導致主管無法清楚了解他的工作能力；更糟的是，B同事在工作上需要支援時，卻總是無法在報告時清楚表明，導致主管第一時間沒有意識到需要提供協助，結果很容易將工作搞砸，主管時常要花更大心力善後。後來有個升職加薪的機會，想當然耳，主管把這個機會給了A同事。

由此可知，每週工作彙報是職場中的關鍵時刻，而如果你和B同事一樣，彙報時無法清楚傳達重點，就應該好好地啟動思考馬達。工作彙報有兩次啟動思考馬達的時機，一次是彙報前的準備資訊階段，另一次是工作彙報後的整理資訊階段。

一、工作彙報前的準備資訊階段

工作彙報前的準備階段面對的是「資訊超載」的情境，因為自己做了許多工作，但在短暫的彙報時間中，到底該說哪些內容？許多人習慣把自己的工作全部說出來，不加以取捨，於是變成流水帳式的說明，很容易讓主管抓不到重點，而且失去聆聽的耐心。

因此在「提問」階段，可以選取「三個」最主要的工作重點，這樣的提問方向有助於大腦聚焦搜尋內容。在「搜尋」階段，要盡可能從各式文件中彙整資料，不要只憑大腦記憶，這也在提醒我們，平時要有隨手記錄的習慣，否則就算啟動思考馬達，也很容易因為搜尋資料不足而功虧一簣。

盡可能依據提問蒐集完資料後，先將「結論」變成文字，手寫或電腦打字都行，平時工作已經讓大腦應接不暇，不要讓大腦增加更多負擔，增加出錯的機率。

最後在「輸出」階段，可以先將彙報內容講一次給同事聽，請同事給予意見，並進行調整。如此一來，正式彙報的效果會更好（參下表）。

提問	●上週完成的三個主要工作任務是什麼？ ●本週需要主管提供建議和協助的工作任務是什麼？
搜尋	●回想上週做了哪些重要工作任務。 ●透過行事曆、工作日誌等文件協助找出答案。 ●和合作夥伴共同確認目前任務的進度及成果。
結論	●明確列出三個要向主管報告的工作重點。 ●明確列出需要主管提供意見和協助的三項工作任務。
輸出	●將結論以列點方式製作成紙本資料。 ●彙報前一天先講給同事聽，請同事給予意見。 ●依據同事回饋的意見，調整成最終版本，進行工作彙報。

透過啟動思考馬達四步驟，能將工作彙報的內容更具體而精準地呈現，使得每次

的工作彙報都能讓主管對你的印象加分，而不要留下負面印象。這兩種結果之間的落差，正是啟動思考馬達的價值所在。

二、工作彙報後的整理資訊階段

在工作彙報結束後，主管通常會交代其他工作事項，同事們也有許多需要協助的地方，如果沒有進行適當的資訊整理，很容易就會有所遺漏，導致主管和同事對你失去信心和信任。因此，工作彙報結束後也是啟動思考馬達的好時機，整理如下表。

提問	● 本週一定要立刻執行的事項有哪些？ ● 需要長期規畫和討論的事項有哪些？ ● 主管要我進行調整的工作事項有哪些？
搜尋	● 整理自己的會議紀錄。 ● 參考開會結束後產出的正式會議紀錄。 ● 詢問共同參與開會的同事。

結論	● 整理出需要立即執行的工作事項。 ● 整理出需要持續跟進和討論的工作事項。
輸出	● 將要執行的工作事項明確記錄在行事曆中。 ● 將要執行的工作事項列出，和主管或相關同事進行確認。 ● 將要持續跟進和討論的工作事項進行時程規畫。

工作彙報後的資訊整理階段面對的依然是「資訊超載」的情境，在「提問」階段要引導大腦過濾掉不必要的訊息，並且凸顯出重要訊息。

要達到過濾並且凸顯重要訊息的效果，開會時一定要自己做筆記，因為完全仰賴正式會議紀錄的風險太大，有可能記錄者的記錄方式過於籠統，導致你無法回憶起開會時的重點細節。所以，每次開會都要帶著紙和筆，自己進行重點記錄，再搭配正式會議紀錄和共同開會同事的細節確認，這是「搜尋」階段必須要注意的部分。

在「結論」階段，依然要謹記紙和筆是大腦最強的外接硬碟，將結論文字化。如果工作事項需要和其他同事配合，可以將重點傳給對方，並邀請對方進行確認。

最後在「輸出」階段，將每項要執行的事項記錄在行事曆中，確保在規定時間內能夠產出具體成果。而在確認要執行的相關事項後，通知主管及需要配合的同事，如此可確保資訊同步，避免未來產生不必要的誤會。

思考關鍵重點

- 工作彙報之前和之後，面對的是「資訊超載」的情境，是啟動思考馬達的好時機。
- 大腦記憶並不可靠，很容易忘記重要資訊，要養成隨時記錄的習慣。
- 開會時一定要自己做筆記，因為完全仰賴正式會議紀錄的風險太大。

7-2

精準有效地向客戶介紹產品

向客戶介紹產品屬於「短時間內，要把長時間努力說清楚」的狀況。公司研發產品花了許多時間，我們熟悉產品全部特色也花了許多心力，這些都屬於長時間的努力。但每次向客戶介紹產品可能長則二十分鐘，短則三至五分鐘，要在這短暫時間就讓客戶有感、願意聆聽進一步資訊，甚至願意成交，非常考驗推銷者的經驗和技巧，如果總是推銷失敗，長期下來，整個公司的業績都會受到影響。

所以，向客戶介紹產品算是非常關鍵的情境，需要為此啟動思考馬達，做好萬全準備。以下分別就簡報前的準備和簡報後的整理進行說明。

一、向客戶進行產品簡報前的準備

準備向客戶進行簡報前屬於「難以抉擇」的情境，因為必須決定要向客戶傳遞哪些產品特色才能打動客戶。因此，我們要釐清客戶的背景和需求，據此選擇讓他們最有共鳴的產品特色進行簡報說明；不是以產品為中心構思簡報內容，而是以客戶需求為中心構思簡報內容，這是「提問」階段的關鍵。

在「搜尋」階段，如果面對的是散客，例如大賣場的產品銷售情境，就要觀察客戶的穿著打扮，並且透過豐富的經驗，搜尋出類似打扮的客戶背景和需求；如果面對的是企業客戶，例如進行政府標案或企業提案，就要先搜尋客戶背景，並且和有經驗的同事討論客戶需求。確認客戶需求後，才是從產品特色中選出適合的進行介紹。關鍵是，產品特色雖然眾多，但介紹者一定要背得滾瓜爛熟，這是產品銷售的基本功。這麼做不是為了鉅細靡遺地向客戶介紹，而是當我們確認客戶背景和需求後，才能在最快時間找到最適合的產品特色進行介紹，如果那時還要再去翻閱產品特色說明書，一切都太慢了。

在「結論」階段，如果客戶背景和需求以及產品特色都尚未確定，就需要回到提問和搜尋階段，重新啟動思考馬達。

最後的「輸出」階段，我們要將產品特色依照情境需求製作成簡報，不管是以一頁A4紙說明或單純用口頭說明。要特別注意的是，事前預演能有效提高正式進行客戶簡報的順暢度，降低不必要失誤的機會。愈是特別看重的產品簡報機會，愈要進行事前預演。

有關產品簡報前的準備，整理如下表。

提問	●目標客戶的背景和需求是什麼？ ●產品最符合客戶需求的三個特色是什麼？ ●之前是否有類似背景客戶的成功或失敗經驗可以參考？
搜尋	●觀察客戶穿著打扮，回憶類似打扮客戶的背景和需求。 ●上網搜尋客戶的背景，並且和有經驗的同事討論客戶需求。 ●從眾多產品特色中，整理出符合客戶需求的三個特色。

結論	●明確整理出產品的三大類目標客戶背景和需求。 ●針對三大類目標客戶，分別整理出對應的三個特色。
輸出	●將介紹內容製作成簡報，或者一頁A4紙。 ●正式向客戶進行簡報前，先和同事或主管進行演練。

二、產品簡報結束後的整理

勝敗乃是常事，重點是失敗了要知道原因，避免下次又因為同樣的原因失敗；即使成功也要知道原因，下次便可以繼續複製。因此產品介紹結束後，也是啟動思考馬達的好時機，整理如下表。

提問	●在這次的產品簡報中學到什麼？ ●下次產品簡報時要注意什麼？ ●下次簡報時要特別注意什麼，避免再犯？

搜尋	● 回顧產品簡報的過程，記錄表現得好和不好的部分， ● 若有錄影或錄音，透過回放蒐集相關細節。 ● 若有同事共同參與，一起回顧過程。
結論	● 明確歸納出下次簡報繼續保持的部分。 ● 明確歸納出下次簡報不要重蹈覆轍的部分。 ● 明確歸納出下次簡報前自己需要加強的部分。
輸出	● 將要保持和加強的部分寫在紙上，並且貼在顯眼處。 ● 下次產品簡報會中有做到的重點就勾起來，確定已經內化。

產品簡報結束後啟動的思考馬達，屬於「重蹈覆轍」的情境。透過啟動思考馬達，過程中不好的環節要特別釐清，避免下次再犯；好的環節也要特別凸顯出來，下次繼續保持，才能確保產品簡報的品質穩定成長。這也是「提問」階段的核心精神。

在「搜尋」階段，我們可以憑著記憶回憶整個環節，並將表現好和不好的環節進行忠實的文字記錄，這些都是下次進步的養分。若有錄音和錄影最好，但一定要取得產品簡報時現場所有人的同意才能回放，透過回放，可以看見許多無法憑回憶發現的細節。進行產品簡報時若有其他同事參與，可在簡報結束後詢問他們對於報告的心得，並請他們給予建議。

「結論」階段的關鍵在於「明確」，要明確地條列出下次簡報繼續保持的項目和一定要避免的情況，並把優缺點一目瞭然地呈現出來，如此可讓自己知道如何調整和精進。

最後是「輸出」階段，將結論寫在一張紙上，並張貼在容易看見的地方，例如牆上或書桌上，這樣可以發揮隨時提醒的作用。在接下來若干次的簡報過程中，便可將有做到的部分勾起來，代表已經內化。當一張紙上的重點都勾起來時，那張紙就可以撕下來，以此幫自己進行提醒。

思考關鍵重點

- 不是以產品為中心構思簡報內容，而是以客戶需求為中心構思簡報內容。
- 產品特色一定要花時間背得滾瓜爛熟，這是產品銷售的基本功。
- 透過回放錄音或錄音檔案，可以看見許多無法憑回憶發現的細節。

7-3 向主管提升職加薪的關鍵準備

努力工作，不外乎就是希望升職和加薪，這也代表著公司對自己的重視及個人在市場上的價值。因此，升職和加薪可說是工作成就感的重要來源。

但是向主管談升職和加薪，會讓許多人覺得很有壓力，一來擔心主管會覺得自己過度要求，二來也會擔心萬一沒談成，在雙方的心裡留下芥蒂，不利於後續工作上的相處和配合。但若不主動提出，自己又會覺得委屈。

面對這樣的糾結，很有可能會影響往後的工作狀態，這時就要啟動思考馬達，讓自己理出明確的行動方針。接下來同樣以「提議前」和「提議後」分別說明。

一、向主管提升職加薪前的準備

向主管提升職加薪是一種「難以抉擇」的情境，如果一一提及自己在公司做了哪些事情，很容易讓主管因為資訊瑣碎而抓不到重點，偏離了溝通的主題。透過「提問」，聚焦在自己的工作績效以及不可替代性，這會大大增加升職加薪的可能性。當然也必須考慮到萬一主管不同意，這時應該如何漂亮收尾，才不會讓彼此日後的相處變尷尬。

在「搜尋」階段，需要明確列出過去一年自己在公司的亮眼表現和工作績效，最好有具體的數據，而且要能夠比較，例如和其他同事相比或和去年同期的自己相比，這些數據都能增加說服主管的力道。這也提醒我們，平時就要記錄自己的工作績效，以免需要時得花大量時間去找。另外，也要搜尋公司未來三年的發展方向，以及確認自己在這發展方向上的不可替代性，例如相關證照的累積和關鍵客戶人脈的培養等。最後靜下心來問自己：如果升職加薪不成，可以接受的第二方案是什麼？也許是先加薪一部分，等達到某個更高的績效再繼續談；也許是約定好拿到哪一張證照，就可以進行升職和加薪。

在「結論」階段，要確認工作績效的關鍵數據是否已經全數列出、自己在公司未來發展有不可替代性的證據是否已齊備，以及第二方案是否已經想清楚。

最後是「輸出」階段，可將要和主管討論的重點用關鍵字的形式寫在便利貼上，因為談論這類題目時，很容易因為緊張而語無倫次，透過一張便利貼就能幫助自己在緊張情況下依然能說清楚想法。如果你的主管特別喜歡視覺型的呈現方式，也可以把你想要分享的重點以一張Ａ４紙清楚呈現出來，這樣不僅不會忘詞，還能讓主管感受到你對於此次談話的重視。

有關提議前的思考馬達，整理如下表。

提問	●我值得升職加薪的工作績效有哪些？ ●公司未來三年的發展，自己不可或缺的地方在哪裡？ ●如果無法立刻升職加薪，我的第二方案是什麼？
搜尋	●整理過去一年具亮點的工作表現和績效。 ●釐清公司未來三年的發展方向，以及自己的不可替代性。 ●自我省思，如果無法升職加薪，可以接受的方案為何。

結論	● 列出主管最在意的工作績效。 ● 確認自己在公司未來的不可替代性為何。 ● 確認可以接受的第二方案是什麼。
輸出	● 將重點列在便利貼上，以免因緊張而忘記要表達的內容。 ● 將重點清楚條列在Ａ４紙上，讓主管意識到你對此事的重視。

二、向主管提升職加薪後的心情整理

其實，要和主管談升職加薪是一件讓人很忐忑的事，但不管成功與否，對自己都是一種意外狀況，依然要繼續工作，依然要拿出好表現。因此，和主管討論升職加薪結束後，也是啟動思考馬達的好時機，整理如下表。

提問	● 我現在情緒很激動，如何讓心情平復？ ● 我現在情緒很激動，絕對不能做的事情是什麼？

步驟	內容
搜尋	● 搜尋對自己效果最大的五感情緒安撫法。 ● 搜尋讓自己心情平靜的音樂和影片。 ● 找一位和自己處得來的同事聊聊天，聽取建議。
結論	● 運用五感安撫法。 ● 聆聽靜心音樂，讓自己放鬆。 ● 和同事交流談心，讓自己穩定情緒。
輸出	● 運用讓自己平靜的安撫法。 ● 不要在情緒劇烈起伏下做任何事。 ● 專注在穩定自己的情緒。

　　向主管提出升職加薪後，屬於「突遭意外」的情境，成功了會很開心，但也要小心，因為容易遭到同事眼紅嫉妒，不利於接下來的工作合作；失敗了會很難過，甚至感到生氣，這時更要小心，因為一衝動就可能說出或做出讓自己後悔的言語和行動。愈是在突遭意外的時刻，我們更要透過五感情緒平復法來穩定情緒，這樣才有機會啟

動思考馬達。因此，在與主管討論升職加薪之前，就要先設定好五感情緒安撫法的物品，讓討論一結束就能安撫自己波動的情緒。

突遭意外情境要啟動思考馬達有個重要前提，就是用盡各種方法安撫自己因為意外而產生的劇烈情緒波動，讓腦內那頭暴衝的大象穩定下來。當情緒穩定後，啟動思考馬達也不是問自己要做什麼，而是提醒自己如何在此時此刻持續鎮定；此時此刻，不做什麼比做什麼更重要！讓自己不做什麼，是此刻的重點。

我就曾經因為情緒激動而做了讓自己後悔的事。當時我受邀參加TEDx的分享，上台前一天進行最後一次預演，沒想到預演狀況很糟，整份簡報在上台前一天決定大幅調整。這當然是一個意外情況，也讓我感到壓力很大，情緒劇烈起伏。這時一位合作夥伴打電話問我，三天後要在高雄開設讀書會的準備工作進行如何，若有需要行政支援，她可以先行處理。那時我的情緒起伏很大，滿腦子都是TEDx的內容，根本無暇顧及讀書會。極度煩躁的我對她說：「讀書會的事情由你處理就好，我現在沒心思想這件事。」這個回話內容加上我不耐煩的語氣，導致她的火氣也上來了，然後她憤怒的語氣又激得我火氣更大。這一來一往把我們的關係都破壞光了，直到今天我們都還沒說過話。這就是在情緒起伏下說出讓自己後悔的話。

因此，面對遭逢意外而讓自己情緒起伏的情境，啟動思考馬達最重要的任務，就是要爭取時間平復情緒，在情緒尚未穩定之前，少做事比多做事還重要。

思考關鍵重點

- 聚焦在自己的工作績效以及對公司的不可替代性，會大大增加升職加薪的可能性。
- 平時就要記錄自己的工作績效，不然需要時得花大量時間去找，甚至有可能找不到。
- 愈是在遭逢意外的時刻，更要先透過五感情緒平復法穩定自己的情緒。

第8章

引導重要他人啟動思考馬達

我們的生活是和許多重要他人共同構築而成，我們不忍心看著生活中的重要他人，因為無法啟動思考馬達，而導致無法做出高品質的決定，或者無法消化重要訊息，讓生活、工作停滯不前。

我們可以有兩種做法：一種是把這本書推薦給他；另一種是有方法地引導對方啟動思考馬達。如果你問我哪個做法較好，我當然會說，兩個做法一起做最好，首先推薦他看這本書，接著在特定情境，先行引導他啟動思考馬達，做出高品質的決定，如此一來就兼顧了長期和短期的效果。

引導重要他人有效地啟動思考馬達，和自己啟動思考馬達有些許的不同，詳細方法說明如下，讓我們一起讀下去。

8-1 引導他人啟動思考馬達的四大原則

大約在十年前，我人生第一次開設演講技巧公開班，由於只在網路上宣傳，報名情況並不好，我決定再辦一場實體免費課程，希望吸引更多人參加，也就有機會吸引一些人報名公開班。

我當時在網路上招募了一位大學剛畢業的助理，我跟他說：「免費課程分享結束後，大家會紛紛起身離開，這時你一定要抓住機會，邀請大家來報名公開班，這樣才能招收到更多人。」我認為自己講得很清楚，他也表示聽得很明白。然而就在課程分享結束、大家紛紛離開時，他看到一個認識的朋友，就努力說服他來參加公開班，其他人卻早已魚貫離開了教室。結果當天報名情況慘澹，這場免費課程分享會等於做了白工。

為什麼會這樣？我明明再三提醒要盡最大努力詢問準備離開的人，他怎麼會只問到一個人？

後來，我在《學習如何學習》這本書中發現，大腦在短時間之內很難接收大量的資訊，只要一超量，大腦就會呈現當機狀態。所以我對助理耳提面命的一番話，顯然因為資訊量過大，導致他的大腦當機了，最後形成糟糕的結果。

如果再來一次，我會透過「提問」的方式啟動他的思考馬達，我會問他：「免費課程分享的目的，是要讓來參加的人都能在聽完我的分享後報名公開班，你覺得我們可以怎麼做？」

當然，只有提問是不夠的，接著就引導他來到思考馬達的第二步驟「搜尋」，我會給助理幾組關鍵字，請他上網搜尋和學習相關資料。然後是第三步驟「結論」，助理經過一兩天搜尋資料並整理相關資訊後，我會請他分享心得，這就是在聆聽助理的結論。來到最後一個步驟「輸出」，我請助理用一張A４紙寫下他在免費課程分享當天的行動計畫，並且用十分鐘的時間說明給我聽，我則是從他的說明中進行調整或加入自己的想法。

當我引導助理進行過一次思考馬達四步驟後，他就更有機會自己整理出該做哪些事情，而且會比我單純說給他聽的方式有更深刻的印象。這就是引導生活中重要他人啟動思考馬達的好處，讓對方做出高品質的決定，對於彼此的互動和合作也會有一定的幫助。

透過我和助理的這段互動經歷，藉此說明引導他人啟動思考馬達的四個原則：

原則一：運用提問取代命令和說教

命令和說教只能讓聽者被動接受，照著指令做。一旦資訊量過大而大腦短時間無法吸收時，很容易就會遺漏掉重要訊息，最後彼此產生誤會。

例如國小三年級的小馬一回到家，媽媽就跟他說了十件必須要立刻去做的事，像是拿便當盒出來洗、換掉學校制服、拿出今天要寫的作業、將外套和書包放回原位……，短時間大量訊息轟炸，導致小馬有好幾件事情忘記做。媽媽大發雷霆處罰他，小馬嚎啕大哭，整個家庭氣氛變得很緊繃。其實小馬也不是故意不做事，只是短時間內接收到太多資訊，使得大腦遺漏了。

如果媽媽不是用下指令的方式，而改用提問的方式問小馬：「回到家要做好哪些事情，才能開開心心在吃飯前看電視呢？」這一問，小馬的思考馬達就被啟動了，他可能開始搜尋媽媽說過哪些事情要做。經過大腦一番整理，得出了結論，最後和媽媽說明和確認。因為是小馬自己想出來的，大幅降低了資訊過量、大腦遺忘的情況。

舉凡夫妻之間、同事之間或者和主管、客戶之間，與這些重要他人互動時，如果發現你提供的資訊量太大，造成他們的大腦無法消化，要謹記第一原則——運用提問取代命令和說教，讓重要他人啟動思考馬達，這樣可以避免不必要的誤會。

原則二：提問之後，引導對方找到適合的搜尋資訊方向

當你問了一個問題，但對方無法回答時，不要馬上判定對方能力不足或者不夠用心，可以試著引導對方搜尋適當的方向，說不定就能得出結論。

舉例來說，週一上班，主管馬上請麗玉到辦公室，要和她討論上週重要客戶終止合作的情況。主管問麗玉：「重要客戶怎麼會突然終止合約，難道事前一點線索都沒有？」主管提出了一個問題，但麗玉啞口無言，完全沒有想到答案。主管見麗玉一問三不知，氣得對她破口大罵，聲音大到令整個辦公室的人都神經緊繃，麗玉更是嚇到不斷流淚。但事情還是一點進展都沒有。

如果主管發現麗玉對他的問題沒有給出答案，可以引導麗玉去搜尋相關資料，像是查看與客戶的往來信件，是否有透露出什麼端倪？或者請教和客戶密切互動的同事是否聽到什麼訊息？透過明確具體的引導後，麗玉就能清楚地去蒐集資料，很有可能因此發現其中的關鍵資訊。只要提問後進一步引導對方搜尋資料的方向，主管可以不用受到麗玉不知所措的刺激而大發雷霆，辦公室氣氛也不會如此緊繃，麗玉也可避免淚灑辦公室的窘境。

當我們透過提問引導重要他人時，如果發現對方對於提問無動於衷或無所適從，不要急著給答案，也不要急著發脾氣，而是提供資訊搜尋的方向，說不定整個氣氛就會不一樣，對方的思考馬達也能順利運轉。

原則三：一定要花時間聆聽對方得出的結論

我曾經參加過一場以「OpenAI」為主題的讀書會，這是時下很熱門的主題。講者在經過兩小時認真地分享後，他問：「各位覺得今天聽到的內容，有哪些能帶回自己的工作中運用？不管是觀念或技術都可以。」講者透過提問啟動了聽者們的思考馬達。「可以翻閱筆記，或者我提供的講義，從中找到想法和靈感。」講者還引導參加者搜尋資料的管道。

身為聽眾的我們很努力地整理相關資訊，企圖得出能帶回工作中運用的觀念或技巧。大家花了一段時間，紛紛有了自己的想法和結論。但如果講者此時就結束大家的思考馬達，那是有風險的，因為或許某些聽者得出的結論和講者提到的觀念完全相反，也有可能聆聽時忽略了關鍵訊息，未掌握到核心重點。因此，講者可以邀請聽眾分享各自得出的結論，透過聆聽就可以明白聽者的結論是否合理，如果不合理，便透過提問再次啟動思考馬達。

一如父母對孩子、主管對新進員工的提問，當重要他人啟動思考馬達並且得出結論時，身為提問者就一定要確認結論是否合理，如果不合理，則要及時提出自己的想法，或者透過提問再次啟動對方的思考馬達。

原則四：啟動思考馬達需要時間

當你透過提問引導重要他人啟動思考馬達時，要給對方一段時間，不能一提問就馬上要答案，理解問題需要時間，搜尋資料需要時間，得出結論需要時間，輸出結論更需要時間。如果我們認同啟動思考馬達的好處，就應該多點耐心。因此引導重要他人啟動思考馬達時，要給時間讓他們思考。

我們可以這樣說：「請你用五分鐘的時間思考一下這個問題……」「我們剛剛討論的問題，希望你再去蒐集相關資料，下週一工作彙報時提出來和大家討論。」「希望明天下班前，你可以把我問的問題整理出結論綱要，然後寄到我的信箱。」給予明確的思考截止期限，是個兩全其美的方法，既能讓對方有充足時間思考，如果思考的事情很急迫，又不會拖延太久。

《QBQ！問題背後的問題》這本書提到：「領導者並不是問題的解決者，而是問題的給予者。」他們讓團隊重要成員面對問題，思考自己的解決方法並採取行動。

透過提問啟動重要他人的思考馬達，就是在於給予問題。因此，要當一個稱職的問題給予者，而引導重要他人啟動思考馬達，你我都需要掌握上述的四大原則。

思考關鍵重點

- 一旦資訊量過大造成大腦短時間無法吸收時，就很容易遺漏掉重要訊息。
- 試著引導對方搜尋適當的方向，說不定對方就能得出結論。
- 如果結論不合理，可以透過提問再次啟動思考馬達。

8-2

鎖定日常生活中密集互動的角色

我和太太結婚第一年時，經常為了各種原因吵架，像是生活習慣不同、育兒觀念不同、理財計畫不同等，三天一小吵，五天一大吵，彼此的關係愈來愈疏遠，見到面開始相敬如「冰」，一天說不到一句話。

我發現這樣下去不行，冷漠是關係的殺手，我們必須對話。但這不是我說「我們來對話吧」就可以忽然之間熱絡起來，於是我想到了引導她啟動思考馬達這個方法。我對她說：「如果每週五晚上我們都要互相感謝對方一件事，你會想感謝我什麼事？」這就是一個提問，然後感謝的範圍必須是當週對方做的事，這就是明確搜尋的範圍。或許我太太也發現雙方關係有點岌岌可危，便答應配合進行此項活動。

神奇的事情發生了，自從每週五晚上要互相感謝對方一件事情後，我們會更留心彼此每天做了什麼事，把對方值得感謝的部分記錄下來。然後每週五晚上互相感謝對方一件事後，雙方的關係無形中不斷加溫，氣氛十分融洽。就這樣進行多年，我們彼此的心理距離更加靠近，現在已變成時常聊天、無話不談的夫妻。

我想，一切的轉折點來自於當初我決定引導她啟動思考馬達，而這也給了我一個靈感，如果我能讓身邊的重要他人都啟動思考馬達，那我們之間的關係也會有顯著提升，連帶提升家庭和工作的品質。

啟動個人的思考馬達時，我們運用的方式是先鎖定四個特定情境，包括「資訊超載」、「重蹈覆轍」、「難以抉擇」和「突遭意外」，只要意識到生活中遇到這四個情境，就要刻意啟動思考馬達。同樣地，當我們想要引導他人啟動思考馬達時，也可以運用相同的概念。我們可以先選定重要的角色，當與選定的角色進行溝通時，就要提醒自己適時地引導他們啟動思考馬達。如此一來，就有很高的機會在生活或工作中創造好的溝通品質。

日常生活中的重要角色，可以分成「家庭」、「工作」和「自己獨處」三部分，再從這三種情境中選定日常溝通時的重要角色。現在就從這三種情境逐一整理出重要角色。

一、家庭情境

家庭情境中的角色不外乎就是家人，包括「夫妻」、「親子」、「父母」、「兄弟姊妹」。

夫妻生活習慣不同需要溝通，但若用指責或命令方式，很容易讓對方心生抗拒，最後幾乎是吵架收場。這時透過提問啟動另一半的思考馬達，是個不錯的方式。

孩子年紀愈大愈有自己的想法，作為父母，愈是指責孩子的想法，就愈讓孩子心生叛逆，這時也需要運用思考馬達。

當角色轉變成為人子女，有時候與父母的溝通常常一兩句話就讓彼此很有情緒，這時可以試著運用思考馬達來引導父母。

再如兄弟姊妹，當各自成家立業後，彼此生活習慣開始不一樣，加上有各自家庭立場的考量，若有需要溝通的事情時，很容易話不投機就吵架，這時不妨運用思考馬達協助彼此有更良好的對話。

然而就算與家人吵架，彼此依然是家人關係，但也正因為如此，當溝通時爆發了情緒，說起話來更加肆無忌憚，口無遮攔，家人往往也是溝通中傷害彼此最深的人。試試在與家人溝通時引導對方啟動思考馬達，比起直接說出重點、彷彿要求對方一定要接受的感覺，透過提問讓對方整理自己的想法並得出結論，反而可以達到更好的溝通效果。

二、工作情境

工作情境中最常需要交流的重要角色，包括「主管」、「同事」、「部屬」和「客戶」。

當你有一個重要想法或提案想要爭取主管認同時，與其不斷地傳遞資訊讓主管大腦資訊超載，不如精心設計幾個提問讓主管啟動思考馬達，自行整理出支持你的提案會產生的各種好處。

面對資深同事，如果直接說出建議，可能會讓他覺得沒面子，進而開始疏遠，此時若採取引導啟動思考馬達的方式，讓他自己思索出可以調整的方案，如此就能創造雙贏局面。而面對新進同事，為了帶他盡快熟悉工作流程，很容易一個不注意就塞給對方太多資訊，造成大腦當機，這時應該把消化資訊的主導權還給他，透過提問啟動他的思考馬達，他才有機會自行消化資訊。

當我們面對部屬時，說太少可能讓部屬對工作任務產生誤會，說太多又可能讓他無法消化，兩者同樣不會有好的工作效率。不妨試試啟動部屬的思考馬達，透過提問讓他主動搜尋必要的資訊，身為主管只是提問，可能就達到效果了。

此外，在向客戶介紹產品資訊時，總是一不小心就說太多，但有些資訊客戶根本沒興趣知道，也沒必要知道，反而造成對方的負面觀感。因此，在傳遞產品資訊給客戶時，如果可以設計一到兩個提問，讓客戶主動想到產品對自己的幫助，就是最棒的情況。職場上的互動有一個艱鉅的任務，那就是「在短時間內把你長時間的努力說清楚」，由於工作時間很有限，如果傳遞資訊時讓對方抓不住重點，很容易引發不耐煩的情緒，此時你傳遞訊息的力道便大打折扣。面對這種情況，適時地透過提問，啟動對方的思考馬達，不是我們強行傳遞資訊，而是對方自己消化資訊，那麼溝通效果將會有非常大的差異。

三、自己獨處

今天我讀了許久的書，但在睡覺前得問自己「今天學到了什麼」，經過翻閱筆記後，把結論寫在筆記本裡。但如果我不這樣做會如何呢？最有可能的結果就是隔天工作一忙碌，便忘記了曾經用心讀過的內容。所以一天結束時，我總得啟動思考馬達，透過對自己提問，讓這一天的努力真的內化為自己進步的養分。

到了週五晚上，經過一週的忙碌，工作上有做得好的地方、需要改進之處，或者家庭裡曾答應孩子週末要一起做的事、答應另一半週末要去採買的生活用品，在睡覺前一一問自己：「本週工作上做得好地方有哪些？要調整的地方又有哪些？」「這個週末答應孩子和另一半要做的事情有哪些？我該如何規畫週末的時間運用？」每週五晚上對自己啟動思考馬達，不僅能總結一週的工作狀況，也能從容安排週末的行程，一舉兩得。

我會在書房牆壁上貼兩張紙，第一張紙寫著「下個月要繼續保持的三件事」，第二張紙寫著「下個月務必調整的三件事」，然後在每個月的最後一天晚上，對著這兩張紙翻閱行事曆，回想一個月來發生的事，接著把答案寫進筆記本中提醒自己。月月如此，就會成為愈來愈好的自己。

每到元旦，許多人覺得新年第一天充滿希望，紛紛寫下新年新希望，然而對我來說，新年的前一天更加重要。因此，那一天我會花上足足一個晚上的時間，靜靜地翻閱每個月的思考筆記，看看自己這一年來是否有進步，或者是否有哪個問題每個月都出現卻一直未解決。我會在每年的最後一天特別記錄下來，然後訂定詳細的計畫，務必讓問題得到解決。

我們都擔心時間一直在流逝，卻始終在原地踏步，彷彿沒有進步。透過一天、一週、一個月和一年的結束時刻，對自己啟動思考馬達，只要保持這樣的習慣，我們也會跟著時間一起進步。我誠心建議，一定要留下足夠的時間和自己相處，雖然短時間內看不出效果，那就像某個朋友跟我說過的問題：「有一個人很喜歡喝珍奶配雞排，他連續三天都這樣吃喝，請問三天後他會怎麼樣？答案是不會！但如果他真的太熱愛珍奶配雞排，連續一年都這樣吃喝，請問一年後他會怎麼樣？絕對是身體健康亮紅燈！」這個問題要告訴我們的是，不管是好習慣或壞習慣，都需要足夠時間來醞釀累積。花時間和自己獨處，啟動思考馬達是個好習慣，請給自己一段足夠長的時間，一段時間後，你會發現自己明顯的成長。

這一節的重點在於選定家庭和工作情境中的重要角色，溝通時適時啟動他們的思考馬達，便能得到更好的效果。此外，也整理了最適合對自己啟動思考馬達的四個時機點，長期累積必定能看見進步的軌跡。但這只是對我來說的重要角色，或許你會有不同的想法，可以自行設定與調整。關鍵是，確定了重要角色並與他們對話時，記得要引導他們啟動思考馬達，才能達到更有效果的溝通。

思考關鍵重點

- 當與選定的角色進行溝通時，我們要提醒自己，可以適時地引導他們啟動思考馬達。
- 家人往往也是溝通中傷害彼此最深的人，試試在與家人溝通時引導對方啟動思考馬達。
- 不是我們強行傳遞資訊，而是對方自己消化資訊，那麼溝通效果將會有非常大的差異。
- 透過一天、一週、一個月和一年的結束時刻，對自己啟動思考馬達，只要保持這樣的習慣，我們也會跟著時間一起進步。

8-3 勾勒日常生活啟動思考馬達的情境

我們已經確認了家庭、工作和自己獨處情境中的重要角色，如果要更準確地提醒自己，在「適當情境」引導「重要角色」啟動思考馬達，可以先設想和重要角色互動時出現哪些關鍵情境，就一定要引導他們啟動思考馬達，這樣溝通才能夠發揮最大的效果。

接下來將8-2提到的三種情境表格化，除「重要角色」的維度之外，再加上「關鍵情境」的維度，如此就足以構成強大的提醒，讓我們在需要引導對方啟動思考馬達時，不會因為還未養成習慣而遺漏，最後無法達成高品質的溝通。

特別提醒的是，設定的關鍵情境是依據我實際工作、生活的情況來設定，並非要你完全複製運用，因為每個人的生活不一樣，遇到的人也不一樣，所以關鍵情境一定也有所不同。重點是，你已經熟悉啟動思考馬達的四個步驟，便能夠透過專屬於你的「引導重要角色啟動思考馬達表格」，確保真的把思考馬達的價值發揮到最大。

首先看看「家庭情境」的整理，請參下表。

情境：家庭

情境＼角色	夫妻	親子	父母	兄弟姊妹
資訊超載		每天放學後		生涯規畫
重蹈覆轍	親子衝突		生活作息	
難以抉擇	財務觀念衝突		老年安養規畫	
突遭意外	健康狀況	學校發生狀況	健康狀況	財務狀況

和家人的互動上，我特別擔心意外狀況的發生，因為很容易造成情緒劇烈起伏，導致溝通時造成二度傷害。所以針對不同的重要角色，我都列出了可能會發生的意外狀況，並且事先設想好二至三個提問，希望在意外發生時，彼此還能夠得出最適當的共識。

當然，在突遭意外的情況發生時，情緒的平穩特別重要，所以安撫情緒的五感法也需要特別去運用。同時要注意，對話時切勿因為未注意到「賞識」、「親和感」、「自主權」、「地位」和「角色」這五個面向，而讓對方情緒產生劇烈起伏，那麼對話就無法進行。

還是要提醒一下，每個人特別重視的情境都不一樣，重點是你需要花時間思考，和家人相處時的哪些情境是啟動思考馬達的時機，你可以依前表填入自己想到的各種狀況。

接著來整理「工作情境」，請參下表。

情境：工作

情境＼角色	主管	同事	部屬	客戶
資訊超載	工作彙報	尋求協助		產品簡報
重蹈覆轍	工作檢討		專案檢討	
難以抉擇	提案會議			產品介紹
突遭意外	臨時狀況	臨時狀況	臨時狀況	臨時狀況

我在「主管」欄位中特別細心地設定了情境，因為只要和主管溝通效果不佳，那麼在工作推進時不僅事倍功半，更可能讓自己的努力沒有被看見的機會。因此在整理這份表格時，我強烈建議在「主管」欄位尤其要仔細構想會需要啟動思考馬達的情境。當然，每個人在工作中的重要他人可能不同，假如你最近剛好跨部門合作一個重

要專案，那麼可能就需要「同事」欄位中特別構思需要啟動思考馬達的情境，確保能夠有效溝通。

最後來整理「自己獨處」，請參下表。

情境：自己獨處

情境＼時機	一天結束	一週結束	一個月結束	一年結束
資訊超載	閱讀、上課	讀書會準備		
重蹈覆轍	檢視挫折經驗	檢視工作成果	檢視關鍵數字	逐月檢視
難以抉擇	工作邀約	工作邀約		職涯選擇
突遭意外				

自己獨處時，我特別重視「重蹈覆轍」的情境，我認為這個時間就是透過啟動思考馬達，把過往的經驗都變成自己成長的養分。因此一天結束時，我會回顧當天遇到的挫折，並透過提問讓自己從中學習，避免下次重蹈覆轍；一週結束時，我會檢視當週工作成果，如果符合預期，下週繼續保持，如果不符合預期，則要找出下週必須調整的方法；一個月結束時，我會檢視和工作績效有關的關鍵數字，並從中找出需要調整的線索，讓自己下個月可以更好；一年結束時，我會統整每個月的數據做成圖表，觀察數據的變化，據此為來年的工作規畫做準備。你也可以思考自己獨處時最重視的部分，然後填寫於欄位中。

閱讀至此，或許你會有個疑問，如果不知道填寫什麼該怎麼辦？我們可以從另外一個角度思考，說不定你就有了靈感。

還記得前面不斷提到啟動思考馬達的兩大好處嗎？好處一是做出更高品質的決定，好處二是讓重要資訊印象更深刻。只要我們和重要角色互動的情境無法達到這兩個好處，就應該啟動思考馬達。

舉例來說，如果我每週五晚上不和自己獨處，檢視自己是否有重蹈覆轍的地方，那麼我在下一週能做出更高品質的決定嗎？顯然不會！所以，每週五晚上對自己啟動思考馬達，檢視當週的工作成果是很必要的，因為這樣做可以讓我在下週做出更高品質的決定，還能讓我記取本週失敗的原因，避免再犯。

再舉個例子。向客戶介紹產品時，如果資訊量太大，需要引導客戶啟動思考馬達嗎？顯然是需要的，因為如果只是我一個勁地說明，客戶可能感到頭昏腦脹，最後就對我的產品不感興趣。因此介紹產品前，可以先對客戶提問：「目前工作中最困擾您的事情是什麼？」然後根據回應，選擇對應客戶需求的產品特色進行介紹，如此最有機會打動客戶，讓客戶做出對彼此來說都是更高品質的決定——我賣掉了產品，客戶也得到一個能解決問題的好東西。

在與重要角色的每一個互動情境中，如果不啟動思考馬達，能否做出更高品質的決定？能否對重要資訊印象更深刻呢？如果答案是否定的，那麼遇到此情境時，就要提醒自己得啟動思考馬達才行。

思考關鍵重點

● 每個人的生活都不同，遇到的人也不同，所以關鍵情境一定也有所不同。

● 啟動思考馬達能幫助我們在溝通時，提高達成兩個好處的機率。

● 只要我們和重要角色的互動無法達到啟動思考馬達的兩個好處，就應該啟動思考馬達。

附錄

啟動思考馬達的重點整理

這本書我花了三年時間構思，用九個月完成寫作，參考了二十二本有關思考、心理、情緒、溝通的書籍，據此整理出思考馬達的四步驟，希望能讓所有讀者在生活中，透過思考做出更高品質的決定，並將重要的資訊內化成自己的養分。

附錄中，我將本書提到與思考馬達有關的十五個重點、一個流程圖和兩種運用指南一併列出，方便你進行重點複習和運用。此外，所有的參考書籍亦整理羅列，可參考延伸閱讀。

附錄1

重點彙整

重點彙整共十五項，每一項皆擷取了書中說明和解釋，讓你能夠快速回憶起書中的重點和核心精神，也可節省需要重複閱讀內容的時間。特別提醒的是，無論如何還是要先讀完前面的內容，對於思考馬達的脈絡有完整的了解，單獨看這些重點，才能快速理解和回憶重點。

一、啟動思考馬達四步驟

因為我的「提問」，你的大腦開始「搜尋」環境中的紅色物品，接著會得出一個「結論」，像是「我現在在書房，裡裡有紅色的麥克筆、紅色的鬧鐘、紅色封面的書，總共有三個紅色物品」。最後就是把結論「輸出」，可以是說出來、寫下來或進行某個行動（例如「指出來」）。輸出的結果就是提問的答案，如果對答案不滿意，應該再提出新的問題，把四步驟重複一次（再次啟動思考馬達）。「提問」、「搜尋」、「結論」、「輸出」就是啟動思考的四步驟，我把它稱之為「思考馬達」。

二、刻意提問的四種情境

想像一下，當生活遇到特定的情境時，我們就像接受到暗示一樣，觸發提問的開關，就能更常在生活中啟動思考馬達。本書舉出的四種特定情境包括「資訊超載」、「重蹈覆轍」、「難以抉擇」、「突遭意外」。

三、提問的關鍵是「方向」

方向主要有兩種，包括「積極的方向」和「消極的方向」。積極方向的提問會讓大腦搜尋出更多的方法，啟動思考馬達能朝解決問題的方向前進；而消極方向的提問會讓大腦搜尋出更多抱怨，啟動思考馬達只會讓自己壓力更大、更沒有自信。

四、有方向的搜尋

只要蒐集到好資料，極大機率能做出好決定。當大腦接收到提問後，緊接著就是要蒐集資料。搜尋資料有五個來源，分別是「回顧自身經驗」、「搜尋網路資料」、「翻閱相關書籍」、「請教相關人士」、「參加相關課程」。

五、降低問題難度，重新提問

針對提問，經過搜尋相關資料後卻「沒」能得出肯定的答案，我們可以這麼做：降低問題難度，重新提問。大腦會根據新的提問重新啟動思考馬達，說不定就能得出全新的結論。而降低問題難度最簡單的方法，就是在提問中「加入數字」或「加入選項」。

六、輸出的類型

在腦中得出的結論如果沒有寫出來、說出來或化做實際行動，很快就會忘記，因為生活中有太多事情在爭取我們的注意力。沒有輸出，最終的結果就是煙消雲散，白白可惜了「提問」、「搜尋」和「結論」三步驟的努力。

七、紙和筆是大腦的外接硬碟

將大腦啟動思考馬達後得出的結論，透過紙筆寫下來，一來可以讓大腦得到喘息的空間，不用記住那麼多重點，二來透過觀看寫在紙上的重點，能得到更多想法和靈感。因此啟動思考馬達時，紙和筆可說是必備的物品。

八、提問的優化

提問時要從「怎麼辦」的角度進行，最後得出的結論才會有建設性。不要用「我很衰」及「他很糟」的角度進行提問，這樣得出的結論只會剩下消極的抱怨。

九、整理資訊的四種方式

許多人因為搜尋到的資訊太龐大，不知道該如何歸納出結論，最後選擇放棄。明明已經找到資訊，最後卻以放棄結尾，是最可惜的一件事。在這個環節就有值得優化之處，我們可以善用歸納結論的四種方式，分別是「俯瞰型整理法」、「分類型整理法」、「深掘型整理法」和「綜合型整理法」。

十、檢查結論的兩個步驟

我們希望得出的結論可以暫時擱置一段時間，讓大腦有時間檢查和修改它，達到優化的效果，但又擔心在擱置期間因為忙碌就忘了曾經得出的結論，怎麼想都想不起來，是最痛苦的一件事，此時就可以運用檢查的兩個步驟：一、隨身攜帶紙筆；二、隨時記錄結論。

十一、連結的四種線索

當我們啟動思考馬達得出結論並且輸出後，如果沒有動力去執行，就要主動為結論賦予意義。這也是為思考馬達添加的最後一個優化工具，總共有四種方式，分別是「優勢連結」、「劣勢連結」、「比較連結」、「願景連結」。

十二、五感情緒安撫法

五感情緒安撫法是透過視覺、聽覺、嗅覺、味覺、觸覺的協助，讓我們被挑起的情緒能有效被安撫。

十三、對他人五種面向的尊重

對話時若沒有給予對方五種面向足夠的尊重，包括「賞識」、「親和感」、「自主權」、「地位」和「角色」，對方的情緒就會被挑起，接下來便很難進行有品質的對話，甚至產出有品質的決定。相反地，對話時若能在五種面向上給予對方足夠的尊重，那麼對方的情緒就會維持穩定，也就能夠進行有品質的對話。五種面向分別是：賞識、親和感、自主權、地位和角色。

十四、大腦不容易分心的三個方法

許多人分心的狀況特別嚴重，例如本來假日要認真準備證照考試，等回過神來，假日已經要結束了，而自己整理了房間、跑了幾圈操場、去市場買了菜，就是沒有花時間在需要啟動思考馬達的證照考試準備。本書提供三個讓大腦不容易分心的方法，分別是「電子阻絕」、「時間框架」和「減少阻力」。

十五、引導他人啟動思考馬達的四大原則

我們不忍心看著生活中的重要他人，因為無法啟動思考馬達，而導致無法做出高品質的決定，或者無法消化重要訊息，讓生活、工作停滯不前。因此，我們需要引導他們有效啟動思考馬達。引導他人啟動思考馬達有四大原則，分別是：一、運用提問取代命令和說教；二、提問之後，引導對方找到適合的搜尋資訊方向；三、一定要花時間聆聽對方得出的結論；四、啟動思考馬達需要時間。

附錄2

思考馬達流程圖及應用指南

圖表能將重點快速凸顯，而在本書的圖表中，最重要的就是「思考馬達四步驟流程圖」，一切的重點和細節都是依據此流程圖變化而來。流程圖中的每一步驟、每一個流程的優化關鍵，分別用「拆解思考馬達四步驟」和「優化思考馬達的四種工具整理」兩個表格來詳細說明。

希望讀者們看完本書，嘗試在生活中啟動思考馬達時，如果遇到困惑或窒礙難行之處，可以直接翻閱此流程圖及運用指南圖表，快速找到調整的方法。

思考馬達四步驟流程圖

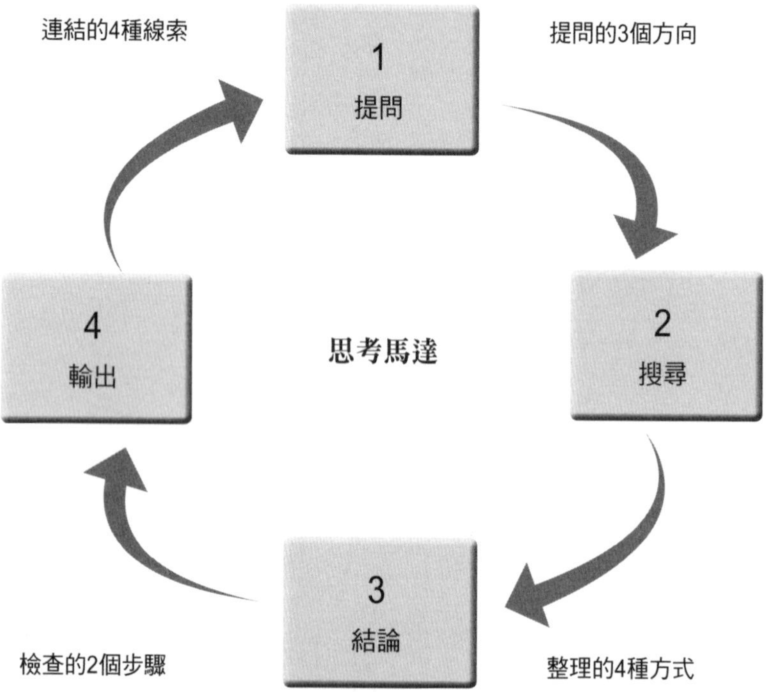

拆解思考馬達四步驟

步驟	細節	提醒
提問	四種情境： 1. 資訊超載 2. 重蹈覆轍 3. 難以抉擇 4. 突遭意外	● 遇到狀況，隨時給自己「暫停」的時間，透過提問啟動思考馬達。 ● 提問分為兩種方向：積極性的方向、消極性的方向。
搜尋	五種來源： 1. 回顧自身經驗 2. 搜尋網路資料 3. 翻閱相關書籍 4. 請教相關人士 5. 參加相關課程	● 資料搜尋可歸納成三大類：記憶搜尋、廣泛搜尋、聚焦搜尋。 ● 搜尋資料時，要運用到聚焦搜尋的方法。
結論	兩種形式： 1. 有肯定的答案 2. 沒有肯定的答案	● 沒有得到肯定的答案時，可以透過降低問題難度，重新啟動思考馬達，如此便能提高得到肯定答案的機會。 ● 降低問題難度的方法，就是在提問中加入「數字」或者「選項」。
輸出	三種類型： 1. 說出來 2. 寫出來 3. 實際做出來	● 紙和筆就像大腦的外接硬碟，把得到的結論寫出來，一來避免遺忘，二來看著寫在紙上的文字，可以得到更多靈感。

優化思考馬達的四種工具整理

工具名稱	運用說明	優化階段
提問的三個方向	從「怎麼辦」的角度進行提問，啟動思考馬達時，搜尋的資料才會有建設性，而不會淪為抱怨大會。	「提問」階段到「搜尋」階段
整理資訊的四種方式	當蒐集到的資訊太過龐大時，為了避免大腦負擔過重，可以運用整理資訊的四種方式，讓大腦輕鬆歸納出結論。	「搜尋」階段到「結論」階段
檢查的兩個步驟	一開始得出的第一個結論通常不是最完美的，擱置一段時間後再進行檢查和修改，會得出更適合的結論。	「結論」階段到「輸出」階段
連結的四種線索	歸納出最終結論後，讓自己有動力持續執行的方法就是將結論賦予意義，即連結的四種線索。	「輸出」階段到「提問」階段

附錄3

參考書籍

- 《MEDDIC世界一流的銷售技術》，范永銀著，方智出版。
- 《一句教養》，李儀婷著，親子天下出版。
- 《不敗學習力》，劉軒著，未來出版。
- 《思維進化》，楊大輝著，遠流出版。
- 《是思考還是想太多》，冀劍制著，商周出版。
- 《為什麼我很努力，卻沒被看見？》，浦孟涵著，時報出版。
- 《高手學習》萬維綱著，遠流出版。
- 《傅佩榮解讀論語》，傅佩榮著，立緒出版。
- 《說不出口的，更需要被聽懂》，胡展誥著，遠流出版。
- 《蔡康永的情商課》，蔡康永著，如何出版。

- 《蔡康永的情商課2》，蔡康永著，如何出版。
- 《學習如何學習》，王專著，方言文化出版。
- 《Learn Better學得更好》（*Learn Better: Mastering the Skills for Success in Life, Business, and School, or, How to Become an Expert in Just About Anything*）烏瑞克・鮑澤（Ulrich Boser）著，方智出版。
- 《QBQ！問題背後的問題》（*QBQ! The Question Behind The Question*），約翰・米勒（John Miller）著，遠流出版。
- 《大腦喜歡這樣學・強效教學版》（*Uncommon Sense Teaching: Practical Insights in Brain Science to Help Students Learn*），泰倫斯・索諾斯基（Terrence Joseph Sejnowski）、貝斯・羅戈沃斯基（Beth Rogowsky）、芭芭拉・歐克莉（Barbara Oakley）著，木馬文化出版。
- 《向哈佛菁英學思考》，狩野未希著，如果出版。
- 《快思慢想》（*Thinking, Fast and Slow*），丹尼爾・康納曼（Daniel Kahneman）著，天下文化出版。
- 《東大生搶破頭都要修的思考力教室》，宮澤正憲著，東販出版。
- 《哈佛法學院的情緒談判課》（*Beyond Reason: Using Emotions as You Ne-*

gotiate），羅傑・費雪（Roger Fisher）、丹尼爾・夏畢洛（Daniel Shapiro）著，商業周刊出版。

- 《師父》（*The Knack: How Street-Smart Entrepreneurs Learn to Handle Whatever Comes Up*），諾姆・布羅斯基（Norm Brodsky）、鮑・柏林罕（Bo Burlingham）著，早安財經出版。
- 《強大內心的自我對話習慣》（*Chatter: The Voice in Our Head, Why It Matters, and How to Harness It*），伊森・克洛斯（Ethan Kross）著，天下雜誌出版。
- 《被討厭的勇氣》，岸見一郎、古賀史健著，究竟出版。
- 《極度專注力》（*Hyperfocus: How to Be More Productive in a World of Distraction*），克里斯・貝利（Chris Bailey）著，天下文化出版。
- 《誰說輪胎不能是方形？》（*Serious Creativity: How to Be Creative Under Pressure and Turn Ideas into Action*），愛德華・狄波諾（Edward de Bono）著。

國家圖書館出版品預行編目（CIP）資料

思考馬達：從生活到工作，4 步驟高效運用你的大腦 / 曾培祐著 . -- 初版 . -- 臺北市 : 遠流出版事業股份有限公司 , 2023.07
面；　公分

ISBN 978-626-361-155-9(平裝)

1.CST: 思考　2.CST: 生活指導

176.4　　112008706

思考馬達

從生活到工作，4步驟高效運用你的大腦

作　　者 —— 曾培祐

主　　編 —— 陳懿文
封面設計 —— 萬勝安
內頁設計編排 —— 陳春惠
行銷企劃 —— 鍾曼靈
出版一部總編輯暨總監 —— 王明雪

發 行 人 —— 王榮文
出版發行 —— 遠流出版事業股份有限公司
地址 —— 104005 台北市中山北路一段 11 號 13 樓
電話 ——（02）2571-0297　傳真 ——（02）2571-0197　郵撥 —— 0189456-1
著作權顧問 —— 蕭雄淋律師

2023 年 7 月 1 日　初版一刷
定價 —— 新台幣 380 元（缺頁或破損的書，請寄回更換）

ISBN 978-626-361-155-9

遠流博識網　http://www.ylib.com
E-mail:ylib@ylib.com
遠流粉絲團　https://www.facebook.com/ylibfans